第二大脑

脑机协作如何改变个人发展和家族传承

涂子沛·著

中国出版集团
中译出版社

图书在版编目（CIP）数据

第二大脑 / 涂子沛著 . -- 北京：中译出版社，
2023.2

ISBN 978-7-5001-7272-7

Ⅰ.①第… Ⅱ.①涂… Ⅲ.①信息产业—产业经济
Ⅳ.① F49

中国版本图书馆 CIP 数据核字（2022）第 228791 号

第二大脑

DI'ER DA'NAO

著　　者 / 涂子沛
出版发行 / 中译出版社
地　　址 / 北京市西城区新街口外大街 28 号普天德胜科技园主楼 4 层
电　　话 /（010）68005858，68358224（编辑部）
传　　真 /（010）68357870
邮　　编 / 100088
电子邮箱 / book@ctph.com.cn
网　　址 / http://www.ctph.com.cn

策划编辑 / 范　伟　张孟桥
责任编辑 / 范　伟　张孟桥
文字编辑 / 张若琳　吕百灵　费可心　郑　南
营销编辑 / 白雪圆　喻林芳
装帧设计 / 东合社 – 安宁
排　　版 / 邢台聚贤阁文化传播有限公司
印　　刷 / 北京中科印刷有限公司
经　　销 / 新华书店

规　　格 / 880 毫米 ×1230 毫米　1/32
印　　张 / 9.125
字　　数 / 170 千字
版　　次 / 2023 年 2 月第 1 版
印　　次 / 2023 年 2 月第 1 次
ISBN 978-7-5001-7272-7　　　　定价：89.00 元

版权所有　侵权必究
中　译　出　版　社

我出版了近十部作品,从来没有要求自己的孩子阅读其中任何一本。但这本书例外,我希望自己的孩子以及子孙后代都认真阅读,并且尽早在他们的日常生活中使用第二大脑。

——作者题记

序言

拓宽人生的疆域，创新生命的延续

在 2022 年底，在疫情渐行远去的时候，我收到子沛的这本新书，当晚阅读便爱不释手。在元旦第一天我又读了第二遍，掩卷展望，为本书所描述的创新和未来心潮澎湃。

每一个人都是在认知与学习的不断循环当中成长的，回想我们经历的从幼儿园到大学的漫长教育过程，我们不得不承认，人类迄今为止，获取知识的效率是如此之低，倾尽一生，所学也不过知识海洋当中的点滴，不仅不够应对社会的需要，而且当我们走上社会，常常发现自己所学的知识与工作的需要不相匹配，仍要重新学习。这些困境，相信每个人都可能碰到。

这几千年来文明的进步就是人类不断提高获取知识效率的过程。从篆刻文字的龟壳到纸张的发明，从私塾、科举制度到现代教育体系，本质都是要提高知识获取、传承的效率。从人类历史发展的阶段和文明繁盛的地点，我们也不难发现，文明进步的广度和深度，无一例外都与知识获得、应用和传承的效率直接相关。

从 1946 年开始的计算机为代表的信息革命，带来了几十亿互联网的连接，使人类的数据、信息、知识前所未有的爆炸，呈现几何级数般的增长。近十多年来，云计算技术使人类存储、记忆触手可及。当下，5G 技术又推动了物与物的连接与感知网络的到来，不断拓深了我们获取数据的维度与深度。但如此丰富的数据和信息如何变为我们个人的"知识"呢？只有知识才能改变我们的行为，提高生产力，优化生产关系。我们每个人，能不能像人类历史上最杰出的先贤一样，拥有强大的记忆、学习和思考的能力，跨越数据海洋的波涛，开始人类知识新大陆的旅程？

子沛的这本新书为我们打开了这种新的可能。他给新时代引入了一个新概念：第二大脑，并介绍了概念如何落地的方法和途径。通过使用一些新的软件工具，我们可以训练、培育一种新的思考"器官"——让第二大脑诞生。就像工业革命到来的时候，我们要学习驾驶汽车，操作机器设备，学会适应流水线一样，今天的人类面对数据经济时代的新发展，必须要建立、训练、使用自己的第二大脑，让自己改变、进化，成为数据时代的新人。第一大脑与第二大脑擅长的功能是不同的，只有两者彼此合作，人脑和电脑共创，即脑机协作，才能使我们进入知识生产与应用的新时代，抵达知识大陆的新边疆。

我完全相信，第二大脑对生产效率的提升是无所不在的，行业应用可谓无可限量。但第二大脑最打动我的一点，是拥有了它之后，人类个体的生命可以得到延续、记忆将会永存。就在过去几年，我经历了亲人离去的痛苦。在 ICU 的病床旁边，望着逝去的生命，我产生了深深的无力感，我们所推崇的、为之奋斗的信息技术、宽带、互联网似乎无助于挽救逝去的生命，在自然法则之下显得那么苍白。本书用相当的篇幅，阐述了第二大脑如何作为个人最核心的数据遗产，被不断地传承、甚至被优化，惠及百代后世，成为个人、家庭、企业、群体传承的载体。如果记忆不仅再是大脑回忆和照片，而是一个大脑对另一个大脑的继承，生命是否会以另一种形式存在？我们也许就能减少伴随亲人分离而来的痛苦，这就是文明与进步的价值所在，也是信息技术对生命终极价值的慰藉。

中国人一直相信，人生的价值在于"立德、立功、立言"，但在过去，这只有少数圣人、贤者才能做到。今天由于信息技术的进步、大数据时代的来临，只要我们每一个人都接受训练，下决心改变，让第二大脑诞生，与其一同进化、互动。我们就有可能产生数以亿计的贤者、能人。我们不仅能获得属于自己的成功，还能留下丰富的、有形的大脑遗产，为后人所继承，让世界持续进步。

工业革命以来的科学创新与技术应用，中国人一直是被启蒙，百年来我们一直在奋斗追赶。大数据时代以来，在观念与技术的变革上，我们第一次与世界先进国家同步，这是时代给予我们每个人的最大馈赠，阅读此书，开始启蒙，创造属于自己的第二大脑，这不仅会改变我们自己的人生，还将惠及自己的亲人、企业、社会。就此而言，本书功莫大焉。

田溯宁

亚信科技董事会主席、带宽资本董事长

2023年元旦

目 录

第一章
为什么需要第二大脑

| 1 | 令人恐惧的失忆症和不自知的健忘　　003
| 2 | 互联网不是好的思考工具　　012
| 3 | 什么是第二大脑　　021
| 4 | 本书的目的和结构　　036

第二章
构建数字记忆体

| 1 | 块：第二大脑的神经元　　041
| 2 | 标签：为块建立人工突触　　052
| 3 | 页：第二大脑的反射区　　065
| 4 | 构建神经中枢和大脑皮层的意义　　078

| 5 | 用四个大类分拣一生所有的信息 | 091 |
| 6 | 使用全新的、革命性的日记模式 | 096 |

第三章

创建高级的思考特质

1	构建网状立体的结构	109
2	洞察、发现新的联系	124
3	脑机协作催化新的创意	142
4	使用 Query 和搜索的技巧	153
5	改写、化用和互文：创建新的"脑细胞"	163

第四章

误区、障碍和方法论

1	误区一：记忆力好 ≠ 不需要记录	179
2	误区二：懂了 ≠ 不值得记录	188
3	大障碍：日常的想法难以记录	194
4	两种建设方法	203

第五章
正在改变的个人遗产和家族传承

| 1 | 个人的真正遗产究竟是什么　　　217
| 2 | 普通人将拥有的不朽之路　　　　228
| 3 | 第二大脑如何继承　　　　　　　235
| 4 | 脑机协作是真正的未来　　　　　242

结 语

凭借脑机协作，成为智能增强人　　257

后　记　　　　　　　　　　　　　　277

第一章

为什么需要第二大脑

第二大脑是为了匹配我们的生物大脑而产生的。虽然为了完成最佳效果的匹配，它首先要对生物大脑进行复制，但复制不是匹配的全部。

1

令人恐惧的失忆症和不自知的健忘

每年的9月21日是世界阿尔茨海默病日。这个念起来有点拗口的名词代表一种疾病,我认识这种疾病是从家里已经过世的两位老人开始的,但给我的认知带来风暴般战栗的是一部英国电影 Father,中文版译为《困在时间里的父亲》。凭借这部电影,84岁的英国演员安东尼·霍普金斯（Anthony Hopkins,1937— ）梅开二度,于2021年再次赢得了奥斯卡最佳男主角奖,成为该奖历史上年龄最大的得主。霍普金斯在影片中饰演一名因身患阿尔茨海默病而逐渐失忆的老人—安东尼。因为他的记忆快速变得杂乱、荒芜,这位父亲在日常生活里也不断迷失、错乱,导致了与他相处的亲人痛苦不堪。影片的最后十分催泪,在养老院的房间，他刚刚起床，护工进来给他整理床铺。这时候的安东尼已经完全不记得自己有个女儿在巴黎，尽管她还常常来探望他；他也不记得每天照顾他的护工是谁，甚至不记得自己的名字。在片尾的对话中，他泣不成声，尤其令人心碎的是，这位风烛老人想起了自己的母亲，希望他的母亲能来看他并把他接走：

"啊，我，我到底是谁？"
　　——你嘛？你是安东尼。
"安东尼？"
　　——是啊！
"安东尼，这个名字很好啊？你觉得呢？"
　　——这确实是个好名字。
"是我妈妈给我起的这个名字。你认识她吗？"
　　——谁？
"我妈妈。"
　　——噢，不认识。
"她……她……她有一双很大的眼睛。我现在看到她的脸了，她……我想她能来看看我。"

"我想要我的妈妈，我想离开这里，找人来，找人来接我……"（见图1-1）。

图1-1 电影《困在时间里的父亲》

人穷返本。失忆的老人仿佛又回到了自己婴幼儿的时候，他记得的只有自己的妈妈。他和初生的婴幼儿一样，不知道自己的名字和身份。但他又和婴儿背向而行，新生的孩子在家人的陪伴下不断地获得新的记忆，而患了阿尔茨海默病的老人却在不断地失去记忆。

一个人所有的经历，最终都会转变成记忆。如果没有记忆，人就会变成一张可怕的白纸。虽然少数动物也有记忆的能力，但只有人类能够在自己想要回忆的时候随时就可以回忆。一觉醒来，人仍然能够认识他自己，保持自己的身份、原有的经验、知识的连续性，就是因为记忆具有连续性。这种机制是人类特有的。如果人的记忆不能保持连续性，就会不知道自己是谁，就不是正常的人，生活就无法继续，简单地说，是记忆定义并维系了我们的角色和存在。

和动物相比，人不仅有连续的记忆，人还会思考，思考是人类区别于动物的根本特征。但记忆是思考的基础，为思考提供素材。如果没有记忆，人类的逻辑推理就没有了载体，无从谈起，就像学会了走路，但却没有了大地。

记忆还和人类的感情紧密相关。我的女儿今年16岁，幸运的是，从她出生起我们家就拥有数码相机，拍下了大量的照片和视频。一天晚上，我和太太不经意打开了保存她视频的文件夹，看到她小时候的脸庞和衣裳，听到她稚嫩的声音或叫唤或歌唱，我们禁不住点开一个又一个的视频。看着视频中的她捧着玩具手舞足蹈、在我们熟悉的旧公寓里跳跃奔跑，我和太太双眼紧盯屏幕，沉浸在不断的回忆中，如痴如醉。一个小时很快过去了，我们四目相对，心潮澎湃，那一瞬间我意识到，人的记忆是人生活在这个世间的"真实意义",正是不同的记忆构成了我们独特的人生,它将世界上千千万万的人区别开来。记忆是一张网,一个小的细节可能触发潮水般的回忆,共同的记忆是人和人之间情感交流的来源。

失去记忆意味着将失去思考的能力和有效的情感交流,这个后果令我们不寒而栗。

在65岁以上的人群中,有6%左右的老人患有阿尔茨海默病;到80岁以上,这个比例上升到30%以上。这个病的比例虽然不是最高,但在欧美社会,阿尔茨海默病已经成为耗费社会资源最多的一种疾病,原因就在于:病人会失去独立行动的能力,需要全职的照护,政府不堪其重。2022年10月,就是因为阿尔茨海默病,美国的加利福尼亚州、华盛顿州率先对没有购买长期护理保险的人群征税,据报道美国有13个州都在辩论是否推行类似的法案。新近研究表明,患阿尔茨海默病的风险不仅限于老年人,实际上,一些症状也可能出现在一个中年人身上,或者说潜伏其身。医疗界已经分别在30岁、40岁、50岁不同年龄段的人群中发现了阿尔茨海默病的患者,而且束手无策,至今都没有找到有效的治疗方法。

这提醒我们,关注自己大脑的健康,从20岁开始也不嫌早。但问题是，我们个人能做些什么呢？

阿尔茨海默病会侵袭、剥夺人的记忆，这个疾病带来的症状如此明显、残酷、恐怖。但事实上，即使没有疾病，几乎所有的人，每天都在遗忘，这是一个自然的生理过程，也可以说健忘是人的天性，只不过这个过程比较缓慢，而且是一点一点地逐渐忘记。这看似对我们日常生活的影响不太明显，我们也无可奈何，只能习惯性选择忽视。

图1-2是著名的遗忘曲线，它是德国心理学家赫尔曼·艾宾浩斯（Hermann Ebbinghaus，1850—1909）发现和总结的，艾宾浩斯设计了一套严格的方法来测量记忆，后人根据他的实验结果绘制了这条遗忘曲线，你可以看到：

20分钟后，大约有42%学习过的内容被遗忘掉；

1小时后，大约有56%被遗忘掉；

1天后，大约有74%被遗忘掉；

1周后，大约有77%被遗忘掉；

1个月后，大约有79%被遗忘掉，只有21%被记住！

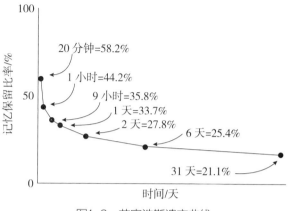

图1-2 艾宾浩斯遗忘曲线

这条曲线表明,人最终会忘记他自己学习、经历过的绝大部分内容。遗忘的过程就像一支射出去的箭,先快后慢,在落地的时候,完全停了下来。德国大文豪歌德(Goethe,1749—1832)在老年的时候经常认不出自己过去写的东西,他说:

> 我老是不停地写下去,就把自己写出的东西忘记了……我的有些作品已经完全与我陌生,它们就像一张蛇蜕下的皮,留在了路边。

美国作家拉尔夫·沃尔多·爱默生(Ralph Waldo Emerson,1803—1882)晚年也认不出自己的作品,他读到自己早期的作品却认为是别人的,并且感叹说:"我不知道这个作者是谁,但他无疑非常了不起。"

艾宾浩斯的实验其实针对的不是老年人,而是年轻人。年轻人也健忘,而且随着年龄增长,健忘更加突出,但这是一个缓慢的过程,一般人意识不到,就像无知的人难以意识到自己的无知一样,健忘的人也难以发现自己健忘。相反,绝大部分年轻人都有一种错觉,认为自己的记忆力要高于身边人的平均水平——这在统计学上当然是完全不可能的。今天有很多网络服务公司正是靠大众的这一错觉来拉升每个月的收益。这些网站推出收费的订阅服务,它提供一段时间免费让消费者试用,但只要一过免费试用期就会自动从消费者的账户里扣钱。正是因为人们普遍对自己的记忆过度自信,很多人在免费试用期结束时忘记取消订阅,而不得不支付费用。

我曾经在书本里发现夹着的数张百元大钞,但就是想不起是什么时候放进去的;我也常常在商场的停车场里碰到有人一脸焦虑、找不到自己停车的位置,他们大部分都是年轻人;更多的时候,我们在社交场合叫不出别人的名字,那些人我们曾见过一两次面;我们家每次清理冰箱的时候,都会发现很多意外的食物,直到看到才想起来我们曾经买过这个，但一直忘记了吃。养狗的人会有一个经验，就是经常会在家里的沙发、床底下发现一些食物。狗在有吃的时候会想着没吃的时候，它会把食物贮藏起来，这是一个好的习惯，但是它们藏过就忘记了，食物会在那里变质腐败，直到主人发现。

在健忘方面，我们和动物其实很相似，一样的无助。

2

互联网不是好的思考工具

> 人类有两大主罪,所有过错均从其中衍生,那就是:缺乏耐心和漫不经心。
>
> ——卡夫卡(Franz Kafka,1883—1924)

2006年8月,我刚到美国留学,当我第一次收到纸质版的《纽约时报》时,我发现这份报纸每天竟然有100个左右的版面,考虑到其版面的大小,这相当于一本300多页的书,一天的报纸还没看完,第二天一早新的报纸又送到了,有谁能看得过来呢?

现在是2023年。有人统计了过去50年的《纽约时报》,它总共有30亿个单词,但令人惊叹的是,今天推特上仅仅一天产生的新信息量，就有 80 亿个单词——这相当于《纽约时报》160 多年产生的信息量。2012 年，中国的微博曾经公布，该平台上一天新增 1.17 亿条微博，以一条微博 100 个词汇计，其词汇总量大约为 117 亿，比推特还要多一点。

信息已经爆炸。今天网络上一天之内产生的信息，任何个人用一生的时间都无法读完。虽然这场信息革命的起点可以追溯到 1946 年计算机的发明，但真正的爆炸发生在社交媒体和智能手机出现之后。第一个大规模的社交平台 Facebook 成立于 2004 年，第一台具有划时代意义的智能手机由苹果公司于 2007 年推出。从这以后，全世界每个智能手机用户都开始拥有了一个新的身份：数据的生产者，他们可以随时随地记录自己的行为和想法，然后发布出去，让别人看到，别人又可以评论、转发。这导致了 21 世纪的第一个十年发生了人类历史上前所未有的数据爆炸，人类从此迈进了一个"大数据"时代。

数据不是一切，但一切都在变成数据。

除了信息爆炸，互联网特有的结构还把我们带进了一个又一个的黑洞。为什么这么说？今天互联网上的信息，是按照超文本链接（Hypertext Link）的形式来组织的，几乎每一篇文本都带有多个链接。你只要单击高亮度的文本（或带有下划线的文本），眨眼之间就会被带到另一个文本，一个链接指向一个新的文本，新的文本可能又带有新的链接——这叫"延异"。异就是新的、不同的物质，"延异"的意思就是不断延伸的新物质，即每一句解释都可能带有新的概念，这些概念很可能又需要新的解释，随之又产生了新的链接，如此循环。互联网上的延异就像一条没有终点的射线。

我们的大脑很喜欢延异。只需要不断轻轻点击、跳转，不用付出任何额外的努力，每个链接都会让你发现新的东西。就像在海上冲浪一样，大脑会不断接收到新信息带来的新奇、趣味和刺激，以及占有大量信息的满足感和成就感。很多人认为这是一件大好事，通过链接式的延异，我们可以快速地追根溯源，获得大量的信息，厘清知识发展的逻辑，认识到知识的全景。现实也已经证明，无数的人沉迷网络，甚至上瘾。

但不断的延异有个潜在的问题：只要连续点击三四个链接，我们看到的信息就可能和最初阅读的主题风马牛不相及了，如果我们随手关闭一个中间读过的窗口，那我们可能会突然发现自己糊涂了。我现在是在看什么？我怎么读到了这里？我从何而来？我为何而来？我们突然发现，我们好像迷路了，必须停下来花点时间，回顾一下自己的初心。

延异的本质是发散，但人类大脑如果需要思考，则必须聚焦和收敛。我们头上的这颗大脑，能力非常有限，当它要汲取新的东西，它用的不是消防栓，而是吸管，必须一点一点地啜取。当新的信息像潮水一样冲击我们大脑的时候，我们很容易就晕了，根本不能逐一记住看过的东西，所有的东西都只能留下浅浅的印象。过了一段时间之后，我们即使再看到同样的信息，只会模糊地记得这个信息我看过。因为看过，于是不想再看，永远止步于专注、深入、记忆和思考。

是什么决定了我们记得什么和忘记什么？美国学者埃里克·坎德尔（Eric R. Kandel，1929—　）毕生致力于研究记忆，于 2000 年获得了诺贝尔生理学或医学奖。他认为，注意力是形成清晰记忆的关键，大脑是通过关联性来保存记忆的，这个过程需要高度的专注。在他的《追寻记忆的痕迹》（中国轻工业出版社，2007 年）一书中，坎德尔写道，如果要大脑牢牢记住，就"必须对输入的信息进行深入分析，这是通过关注信息并以系统和有意义的方式将其与已经牢牢扎根于记忆中的知识联系起来的方式来实现的"。而当我们不注意一个想法或体验时,大脑的神经细胞会在几秒钟内失去兴奋状态,记忆就会从脑海中逃逸,只留下轻微淡泊的痕迹。

这就是问题,延异就像一个又一个的黑洞,分散了我们本来就应该聚焦的有限的注意力。今天的互联网让我们看到的越来越多,但真正记得的却越来越少!我常常听到朋友皱着眉头抱怨,他在手机上刷了两个小时的短视频,放下手机之后发现自己根本不记得看了个啥。越来越多的人正在不断产生、经历这种感觉,在网上读了很多的东西,但又像什么也没读过。按照坎德尔的理论,我们不难发现,就获取新的信息而言,互联网是一个很好的工具,但它层层拓展、无穷无尽的链式结构决定了:**互联网绝对不是一个好的记忆工具,更不是一个好的思考工具。**

即使和传统的书籍相比,互联网也是一个更差的记忆和思考工具,更差!原因就在于,书籍有一个聚焦的主题,它带领我们深入,但互联网延异的方向是四面八方的,虽然有的链接加深了深度,但大多数没有,只是一个横向的扩展。我们几乎每天都要使用互联网,我的建议是,当我们上网的时候,我们一定要记住那个著名的寓言：猴子把手伸进了饼干瓶，抓住了一大把的饼干，但手却被卡住了，手和饼干都拿不出来。互联网是一个信息富足的地方，当我们看到大量有用的信息时，我们的第一反应是兴奋，我们想多拿一点。但当我们拿得太多，我们肯定就会忽视消化和吸收，那学习的行为最后就会变成无意义的浏览和注意力的消耗。就好像我们去商场体验新的商品，如果我们一次体验太多，那体验感就消失了，无所谓体验，我们的大脑会因此变得麻木，我们反而记不住任何东西。

当然，面对一个这样的结论，有人会提出一个新的质疑：我们为什么要把一切事情都记住呢？今天，几乎任何一个知识性的问题，我们掏出手机一搜索就可能会找到答案。既然搜索这么强大，那我们为什么还要记忆呢？未来的技术还将更加智能、快捷。例如，我们可以通过声音和图片来搜索，马上就找到自己要找的答案。手机不好用吗？互联网不香吗？难道我们不能把更多的记忆外包给互联网吗？它就是我们人类的数字记忆库啊！

我们必须承认，手机已经有效承接了大脑的一部分记忆功能。今天，我们大部分人已经可以不在大脑里记忆电话号码，甚至身边亲人的号码也不用记，我们只需要对手机喊出"老婆",它会自动拨出她的号码。同样,我们也不需要记路,只要输入一个地址,苹果、谷歌、高德都会一步一步引导我们,指示我们到达预定的地点。如果说,大脑属于身体内部的生物记忆,而互联网是一个可以借助的外部记忆库,那问题很快会转变为:

今天我们的生物大脑应该记什么?

外部记忆又应该记什么?

它们之间可不可以有个平衡?

我们又如何找到这个平衡?

我们必须回答这些问题。从阿尔茨海默病到人们日常的健忘,人类已经深刻地认识到,我们是一种有限的生物,特别是大脑的能力有限。自从进化成智人以后,上万年以来,我们的大脑就没有什么变化,但面对今天庞大的信息爆炸,时代又要求我们掌握、处理更多的信息,现代人感到压力、困难、无助和彷徨。我们必须借助外部的工具。

本书将提出一个新的解决方案:第二大脑。相比于这个新的方案,我可以肯定地说,互联网不是一个好的记忆工具，也不是一个好的思考工具。虽然搜索的技术还将变得更加智能和方便，但信息在持续爆炸，这种信息资源的丰富性是一把双刃剑，它会令我们重新寻找我们读过的信息变得更加困难。如果我们把记忆大面积地外包给互联网，指望什么信息都上网去搜，那既不专业，也不现实，就像读一本书，通篇都是不认识的字，个个都要去查字典，那是读不下去的。

今天已经是一个彻底的信息时代。所谓"彻底"，就是几乎做任何事，包括交朋友、谈恋爱、学习新技能、完成新项目、寻找新机遇、提高生活质量，都离不开信息。信息的搜寻、管理和使用，决定了一个人一生的发展。人们甚至在潜意识里都已经默认，**我们会度过怎样的一生，取决于我们会获得什么样的信息**。

本书主张，在这个彻底的信息时代，**我们个人的发展不要依靠互联网，而要依靠第二大脑**。第二大脑不是互联网，互联网是属于所有人的，第二大脑是独特的，是属于每个人自己的。它比互联网更贴近人类大脑功能的应用，它将和我们的生物大脑匹配在一起帮助我们记忆和思考，就像我们生物大脑的拐杖。从某种意义上来说，未来它会成为附属于我们人体的一个"器官"。

作为新技术发展带来的最新成果,第二大脑会成为所有人必然的工具选择。它就是人类处理生物记忆和外部记忆的新平衡点。它将帮助每一个在数字大潮中挣扎、想要找到自我、找到怡然自得的工具和方法的人,而且它也将成为应对失忆症和健忘症的一个解药。

3

什么是第二大脑

第一大脑,当然指的就是我们头顶的生物大脑。第二大脑,指的是我们利用信息技术的最新成果建立的一个外部大脑。显然,按照我们前面的探讨,这个外部大脑首先要有记忆的功能,我们把一些来自第一大脑的记忆依附、沉淀在这个外部框架的上面,以弥补我们第一大脑的局限和不足,所以第二大脑首先是一个数字化的记忆体。其次,大脑的主要功能是思考,第二大脑必须具备和第一大脑共同展开思考的能力,或者说,它必须能够辅助第一大脑思考。

事实上,我在给这本书命名的时候,犹豫了很久,该不该叫"第一大脑",因为按照我的判断和展望,我们要建立的这个外部大脑，随着可预见的技术进步，在人的一生中会逐渐发挥越来越重大的作用。人类与动物的最大区别在于，人会思考。我们将会看到，未来一个人最好的想法、灵感、创新可能更多的来自第二大脑。我们每个人要做的事，更多的是向第二大脑寻求帮助，或者说让第二大脑和第一大脑一起工作，然后把求助的结果以命令的方式传达给我们的身体。在人类思考这个最具标志意义的活动中，第二大脑将会发挥更大的作用，甚至成为核心。第一大脑仅仅是辅助，所以到最后，它们的位置会因为作用而发生互换，我们要建立的第二大脑才是真正的"第一大脑"。

这听起来好像不可能，是一种错置，但这种错置正是我从使用第二大脑的过程中获得的真实感受。或者说，第二大脑和第一大脑是一对平行大脑，至少同等重要。

但此刻，为了讲述的方便，也考虑到在时间顺序上我们的生物大脑已经先于第二大脑存在，我们还是按照先来后到，把这个新建的外部大脑称为"第二大脑"，把与生俱来的生物大脑称为"第一大脑"。

那究竟什么是第二大脑呢？

首先，第二大脑是第一大脑的复制体。建立第二大脑要做的第一件事,是要去复制、备份第一大脑思考经历过的所有事情。我们要去构建一个外部数字记忆体,该记忆体可以记录、保存、组织、检索你大脑中任何有意义的想法、你看到的任何有价值的信息、你正在实施的所有计划和项目、你获得的所有启发和收获等。

如前文所述,它不是整个互联网。互联网属于整个人类,第二大脑是一个介于你和互联网之间的东西,它是属于你自己的、独特的、个性化的数字记忆库。你肯定用过QQ音乐或者苹果的音乐软件,你可以把自己喜欢的歌曲保存下来,创建自己独特的歌单和数据库。你的歌单可以有很多个,可以一个是通俗歌曲,另一个是交响乐,还有一个是英文歌曲等。通过创建这样的歌单,我们就可以随时播放我们想听的音乐,而不必在想听的时候再去搜索寻找。第二大脑要做的,就是把你第一大脑经历过的事情、值得记住的信息全面地保存下来,然后做分类处理,以便在你需要使用的时候,只需搜索第二大脑,而不用借助我们以前使用过的笔记本,也不用借助互联网等任何的外部资源。

从这个角度上来看,第二大脑是你生物大脑的镜像,也可以叫它孪生大脑、复脑、副脑。它所执行的功能,是你生物大脑的记录者，是你所有个人信息的管理者，既可以保存信息，也可以检索信息。就此而言，第二大脑有点像你为自己建立一个个人专用的数字图书馆，并且你还拥有一个量身定制的、个性化的搜索引擎。记住，记忆库和搜索引擎同等重要，就像图书馆和它的检索系统一样。

但又不仅仅是这样，真正的第二大脑不仅是你生理大脑的一个复制品、副本，更是它的**补充和延伸**。"补充和延伸"当然不同于"复制"，复制好比一对双胞胎兄弟或双胞胎姐妹，补充和延伸更像一对互相匹配的男女、丈夫和妻子、左手和右手。它们是一半和另一半的关系，互相支撑合作，既承担相同的功能，有交叉，也承担不同的功能，有互补。

大哲学家马歇尔·麦克卢汉（Marshall McLuhan，1911—1980）说，所有技术都是人的延伸。例如，望远镜是眼睛的延伸，汽车是双脚的延伸，飞机是翅膀的延伸。从哲学意识上来说，人本身就是不完整的、残缺的，要依赖于后天的补足，怎么补足？就靠工具和技术。我认为，大脑也是这样。今天我们要像发明望远镜、自行车和汽车一样，给大脑发明一个延伸体——"第二大脑"，这是人类历史上的第一次，当第一大脑和第二大脑，即脑机匹配在一起工作的时候,我们就拥有了一个**增强大脑**。

那第二大脑能提供什么不同的功能?

第一,第一大脑的记忆是有限的,但第二大脑可以提供更大的记忆容量。

人类与生俱来的大脑是个奇迹,有很多能力,但这个大脑的能力也是有限的。即使是一个健康的大脑,也无法保存一个人看到、听到的所有信息,它只能保存部分,而且支离破碎,更不用说我们的大脑还面临着衰老、病变和爆炸性的信息过载。随着越来越多的人研究大脑,我们开始了解大脑可以存储多少信息。人类大脑由大约 10 亿个神经元组成,每个神经元可以与其他 1000 个神经元形成连接,所以总共有 10 000 多亿个连接。如果每个神经元连接只能存储一个单位的记忆,那么很明显,我们的记忆能力是有限的,大脑会产生空间不足的问题,那 10 000 多亿个存储单元究竟能保存多少东西?我们现在还说不清楚。但我们知道,我们记得的东西其实很少。

现在你坐下来,回忆一下你昨天经历的事情。大概只需要 10 分钟,你就回忆完了。我们还可以用语言把昨天发生的事情讲一遍,要知道陈述会帮助我们回忆。这可能又需要 10 分钟,你也说完了。前后总共 20 分钟。也就是说

20分钟，我们就把昨天一整天的活动回忆完了。除去一天8小时的睡眠时间，这样一算，也就是我们用20分钟就可以回忆一天16小时的活动，记忆是对现实进行的一次压缩，其缩减比例是48∶1，相当于我们把昨天98%的时刻都忘记了，只记住了2%。

你可能会说，我需要更多的时间回忆，但可以肯定的是，我们回忆一下昨天一天做了些什么事，绝对不需要花费整整一天的时间。之所以这样，是因为我们的生物大脑对过去的经历做了剪辑，虽然我们几乎每时每刻都在看到不同的景象、听到新的声音，大脑里会不断涌起新的念头，但大脑就像一把剪刀、一个筛子或者漏斗，我们记住的仅仅是大脑剪辑之后留下的印象。

我们不得不承认，我们头上顶着的这个大脑是非常粗放的。但我们为什么只能记得这么少呢？

答案可能会令你感到意外，因为认知学家告诉我们，遗忘可能是我们自己对大脑的一种保护！所罗门·舍雷舍夫斯基（Solomon Shereshevsky，1886—1958）是20世纪全球最有名的记忆大师，他的记忆力惊人，在一个实验中，70个单词连续念出，他只要听过一次，就能背诵出来，他可以从前往后复述，也可以从后往前倒着复述。他甚至可以一字不差地复述几年前某次会议上每一位同事说过的每一句话。虽然他能记住很多东西,但是他也很难忘记一些东西,在任何时刻,他只要看到一点景象、听到一点声音,这些新的信息就会成为线索,大量细枝末节的事情就会不受控制地浮现在他的脑海里。有时候,他只是想去店里买一个冰激凌,但一些小商贩不经意的话语就会触发他大量的联想和记忆,他的感情一下子难以控制,会迫使他放弃购买,离开商店。

我也有过类似的经历,有时候只是一杯茶的香味,突然会把我带回到多年前的某个时刻,我会想起一位亲人或者朋友,我们在一起喝茶,我甚至能回想起自己坐在哪里,她坐在哪里,那天吃了什么,穿的又是什么衣服,以及当时谈话的姿态和表情。这一切好像都是那杯茶特殊的味道带来的。还有一天的中午,我在家里客厅的沙发上睡了一个小觉,可能是女儿从楼上下来喝水或者拿东西,我模模糊糊听到一阵窸窸窣窣的声音。这个普通的声音突然把我带回到童年,那是我小时候经常发生的场景,我在房间里睡觉,听到客厅里传过来轻微的声音,那是母亲在干活。这似曾相识的声音打开了我童年记忆的窗口,令我陷入了长时间的回忆和沉思。

无论是谁,当我们经历这样的一个瞬间,都很容易会为记忆而感动,甚至不能自已。对一个普通人来说,如果他能记住一切,那这样的场景就可能会时时刻刻出现,那就不会是美好了,生活就会变得令人难以承受,好的记忆就变成了沉重的负担。

而第二大脑容量可以很大,而且管理有序。如果把人脑比作一台计算机,有了第二大脑之后,我们可以把第一大脑比作"内存",而第二大脑是"外存",内存可以不大,它只需要承担一小部分记忆功能,而把大部分注意力专注于运算,即思考和解决问题;而位于第二大脑的外存,理论上可以无限大,当需要的时候,它快速找到相关的记忆,再调入第一大脑的内存进行处理。

第二大脑有巨大的存储功能,这也有助于减轻我们第一大脑的负担,保护我们生物大脑的健康。人类目前对于阿尔茨海默病有效的治疗方法很少,如果把第二大脑建设好,就像给一个逐渐失去能力的生物大脑配上了一个拐杖,达到支撑、延长第一大脑寿命和能力的作用,这是一种预防,也是对抗阿尔茨海默病的一个有效工具。想象一下,当你可以从第二大脑中找到做每件事的步骤,就好像你的手里永远拿着一张小纸条,上面写明了第一步、第二步、第三步；也像你开车的时候，导航提醒你每一个拐弯和分岔，你只要有了这个短期的记忆，就能应付日常的生活，就不怕失去长期的记忆。就此而言，第二大脑的出现可以成为人类治疗阿尔茨海默病的一个新方向。

据说金鱼的记忆只有5秒，5秒之后它就不会记得之前的事情了，相同的一切又都会变成崭新的开始。如果记得自己来过，兴趣就会大大降低。所以，在那一方小小的鱼缸里面，金鱼永远都会兴致勃勃，永远都不会觉得无聊。设想一下，如果人的记忆时间延长一点、范围变大一点，是不是人类就会拥有完全不同的体验和发现呢？如果人类的第二大脑可以保存更多的信息，还可以快速找到它们，我相信，我们的人生将会呈现巨大的不同。

第二，第一大脑的记忆是高度主观的、不可靠的，而第二大脑的记忆是高度客观的、稳定的。

我们前面说过，虽然我们还不能完全解读人类大脑的工作原理，但人类已经发现，第一大脑在记忆某件事情的时候，它记忆的只是一些片段，或者说是镜头、场景。我们的生活就像一部电影，它是连续的、动态的，但我们的印象是离散的、片段的、静态的。不仅如此，这些保存下来的印象，就像刻痕一样，有的深有的浅。深的印象就像是刻在大理石上,擦不掉;浅的就像是刻在泥上、沙上,甚至冰上,很容易模糊、消失。当我们要回忆的时候,大脑会首先涌现出一些最新的、印象最深的片段,在意识对它们进行辨别之后,才能确认提取的印象是否正确,每一次回忆,并不是像电脑播放同一段视频,而是根据一些相关的事实,重新对记忆进行编排和整合,然后又保存起来。可以说,每一次回忆都是对记忆的微妙调整和扭曲。事实上,人类的记忆是一个逐渐失真的过程,有时候甚至会发生突变,但人类全然不知,一直误以为这是一份高保真的记录。

而第二大脑呢?第二大脑和计算机一样,是靠一系列微电子元器件的开启或关闭来保存数据的,是靠编码来检索的,无论什么资料,只要它和其他资料有一个字符的不同,也能被发现、确认,并提取出来。它就像高保真的录像带,无论什么时候播放,它都能保持原样,不会发生任何变化。

和第二大脑相比,第一大脑不会像计算机一样编码,所以我们的生物大脑保存、检索信息的能力都很差。舍雷舍夫斯基虽然记忆力超强,但他却坦言他无法记住人脸,他解释说原因就是人脸的特征很难被编码。我也曾请教当

代中国的记忆大师王峰,他给出了同样的答案。王峰在比赛现场曾经创造了听记数字 300 个的世界纪录,他说:

数字和词语之所以能够被精准地记忆,是因为数字是由 0—9 这 10 个数字的排列组合,词语也是由常见的字组成,人脑很容易对数字和词语的特点进行"编码"。

但人脸的特征有无限种可能,而我们很难对人脸的特征进行"编码"。比如我们只能说这个人的脸比较大(脸型)、眼睛比较大(眼型)、有双眼皮、嘴唇比较厚(嘴型)等,但大和厚都是相对的。无法编码就给记忆和识别带来了无法克服的困难。

第一大脑对日期也不敏感。日期是时间序列上的编码。我们常常能记住一件事,但记不住这件事发生的具体日期,就是因为我们的第一大脑不会给每一段记忆都标明日期,当记忆的场景多了以后,人类就必须通过思考才能给记忆排出正确的顺序。

总的来说,第一大脑的生物记忆是片段的、主观的、写意的、不完整的、带有情感色彩的,会自我过滤、自我变形,它的出错是在所难免的,而且我们大部分人大部分时候都会低估这种错误的普遍性和严重性。而相比之下，第二大脑的数字记忆则是完全记录事实的、全面的，没有任何假想和偏差，是客观的、冷静的、高度准确的。

如果把人脑比作一台计算机，那这台计算机的带宽很窄、内存不大，很不稳定，而且 CPU 也转得很慢，完全就是一台邋遢的货色。

第三，第二大脑将比第一大脑更容易产生创意，它和第一大脑匹配，脑机协作在思考方面会产生"1+1>2"的效应。

要产生新的创意，就意味着一个想法必须和其他的想法进行交叉和连接。创新大师史蒂夫·乔布斯（Steve Jobs，1955—2011）曾经说过：

创新只是将事物连接起来，这个连接越是意想不到，创造出来的东西就可能越有意思。

要做到这一点，首先要拥有一个不同的想法可以在其中汇聚、碰撞、重新连接、组合的网络。第二大脑就是一个这样的网络。我们的第一大脑确实也有很多的想法，但它们位于大脑的不同位置，很难有效连接。在第二大脑中，在所有想法变成记录之后，我们可以通过软件和算法帮助我们在想法之间逐一建立连接。

这种算法能检测到文本之间、不同的信息之间存在的微妙的语义连接，还可以告诉你这些想法之间关联的强度是强还是弱、是大还是小。第二大脑可以向我们展示一切可能的连接，并且让我们以图谱的形式浏览相关的连接，这些连接的新想法是否有价值，可以交由第一大脑最后来判断。也可以说，发现有价值的新连接是第一大脑和第二大脑，即脑机协作共同合作的结果，这是两个完全不同的智能体之间的合作。第一大脑是碳基的组成物，第二大脑是硅基的组成物。它们的合作是一种匹配，只要我们把第二大脑建设好，其效果就会令人惊叹。

本书后续将专门讨论第二大脑是如何帮助我们创新的话题。在我使用第二大脑的实践中，我必须承认的是，很多时候如果没有第二大脑的帮助，我完全没有自信会发现那些我已有的和新发现的想法之间的潜在关系和连接。

我们前面谈到过，当人在思考、分析和决策的时候，我们大脑的有限性决定了我们只能提取大脑中最新、印象最深的记忆，如果有了第二大脑，脑机协作就可能克服这种局限性。第二大脑可以把新和旧、远和近、间接和直接相关的，对思考和决策有参考价值的信息全部呈现在一张画布之上。这中间的区别，就好像一个天文学家只能看到地球、太阳和月亮，而另一个天文学家可以看到整个太阳系，甚至银河系，谁能得出更正确的结论，当然不言而喻。

因为以上这些不同，第二大脑可以提供很多第一大脑无法提供的功能，这些令人惊讶的功能我们会在后文一一展开。本书的目标是指导你建设一个和你的第一大脑匹配的第二大脑，也就是说第二大脑最终要和第一大脑合二为一、脑机协作配合工作，就像一根棍子从中间断了，但它断裂的两端仍然能够无缝对接起来一样。

回望人类记忆和思考的历史，从人类发明文字、进入文明时代之后，人在进行思考的时候，从来不是赤手空拳的，也从来不是被孤立在一个与外界隔离的内心世界，而是时时向外求助。在过去，可能求助最多的、最贴身的工具就是自己的笔记本，手握笔记本的人与笔记本构成一个整体，一起思考。未来的第二大脑，将会比笔记本更加贴近于人。它的能力，笔记本望尘莫及，它在云端、在手机里，可以随时随地打开。一开始它是人的工具，但它逐渐会演变成人的"器官",成为人的一部分,未来它将和人一起构成一个新的整体,一起思考。

第二大脑和第一大脑的匹配,即脑机协作,是一种亲密关系的匹配,打个比方,它就是我们随时可以佩戴的眼镜,而不是随身携带的望远镜。我们在参加跑步比赛的时候可以戴眼镜,但不能骑上自行车或者电动滑板。我的意思是,未来,第二大脑会和眼镜一样,成为我们的一部分,不管我们去哪里、做什么工作、参加什么考试或者比赛,我们都可以带着它。之所以这么肯定,是因为未来的世界,人们比拼的一定不再是记忆力,而是思考力和创新力,所有的考试都可能是开卷的,所有人都将会被允许带上自己的第二大脑。如果说第二大脑是人类的"外挂",那它将是我们最亲密的"外挂"。

未来已来,人人要有第二大脑,这是我们个人生活领域正在发生的一场革命。一个高效的、有用的、能和你自己的第一大脑匹配的第二大脑,可能需要你投入几年甚至十几年的时间精心打造。想象一下,如果在不远的明天,如果人人都拥有一个这样的第二大脑,而你没有,那会怎么样呢?

4

本书的目的和结构

最近 5 年,和第二大脑相关的若干技术有很大的进步和发展,但它的影响是不均衡的,所以可能你并没有察觉。本书将聚焦这个新的技术发展和历史机遇,在阐述新的理念和可能性的同时,也会指导你一步一步搭建你个人第二大脑的框架,完成第二大脑的初步建设,所以本书也是一本工具书。

建设第二大脑,可以帮助我们把短暂的人生过得更好、更有效率。这本书不仅能为你提供工具、方法和技巧,让你的工作井井有条,还能为你指明方向、厘清思路、打理生活,让创新更多更快地发生,助你通向成功和幸福;此外,第二大脑还有一个更深层的价值,未来你可以把自己的第二大脑作为遗产转移给你的后代或者指定的继承人，他可能在你的第二大脑基础上打造他的第二大脑，有些图书馆可能也会收藏你的第二大脑，这关系到家族的传承和人类文明的永续。

　　本书第一章概述了第二大脑建立的背景、必要性和紧迫性，回答了第二大脑是什么（What）和为什么要建（Why）两个问题；第二、三章围绕怎样建（How）的核心任务，具体阐述第二大脑的建设过程。我按照人类生物大脑的两大功能：记忆和思考来组织这两个章节，将第二大脑的信息块、标签、页面、集群分别和人类生物大脑的神经元、突触、反射区、神经中枢进行对照和类比，讲述如何构建数字记忆体，打造多维、立体、复杂的神经元联结，让第二大脑和第一大脑配合，展开高级的思考。第二大脑的这些功能将帮助我们认识自我、确定自我，形成个人的知识图谱和价值体系，推动我们产生创意和创新，在生活中创造成功；第四章会从宏观的原则和方法出发，对在建设第二大脑过程中容易陷入的误区、容易产生的错觉、主要的障碍以及两种主要的方法论进行探讨，最后一章从数据遗产的角度，探讨第二大脑对人类生活、家庭教育和文明传承的影响，展望脑机协作面临的问题、趋势和未来。在结语中我还分享了本书写作的初衷和心路历程。

在开始讲述第二大脑的具体知识和做法之前,我还有一点说明。目前,构建第二大脑还需要不止一个软件,这些软件还在开发和形成的过程中,但是核心的软件已经出现了。这个"核心"的意思,是它已经可以完成第二大脑的核心功能,一些辅助功能可能还需要额外的软件。例如,我一般不用我现在的第二大脑管理我的运动和健康,不是因为它没有提供这个功能,而是它虽然可用,但有待成熟和完善。我完全相信,这仅仅是一个时间的问题,未来所有功能都会更加流畅和便捷地整合到一起。

关于构建第二大脑的核心软件,你有很多选择,它们是新一代的知识管理软件,例如 Roam Research、Logseq、Obsidian、Mem 等。虽然这些软件各异,但是它们的架构和功能是一致、相通的。其中,Logseq 是一个开源软件,目前免费,所以我在本书很多地方会以 Logseq 这个平台举例,但是本书讲述的理念和知识也同样适用于其他平台。

作为一个第二大脑的莫大受益者,我迫切地想把这些新的知识和工具分享给你。让我们现在、立刻就开始这个激动人心、将会改变你整个人生的信息工程之旅吧!

第二章

构建数字记忆体

通过深信一种还不存在的东西,我们才可能把它创造出来。一种东西之所以不存在,是因为我们对它的渴望还不够深。

1

块：第二大脑的神经元

我们前文讲到，任何一种技术，都是人的某种延伸。反过来说，人的任何一种延伸，也是由一种或多种技术构成的。第二大脑是人类生物大脑的延伸，并不是随意的、无关痛痒的皮毛增生，而是人的记忆、思考和学习——这些核心能力的延伸。

而所有的延伸，无论是望远镜、跑鞋、拐杖，还是滑板、汽车、飞机，都会具有一定的结构，就像所有的语言都具有一定的句式和语法一样，这种结构都是人生理存在的外化，或者说外在的表达。第二大脑也不例外，它也有结构，因为第二大脑是我们第一大脑的延伸，所以我们将以第一大脑的结构来进行类比。

第一大脑最小的结构是神经元。神经元，也叫脑细胞。人类的大脑有上千亿个神经元，它们彼此联系，共同处理信息。具体到一个特定的神经元，它有接收信息的部分，这个部分叫树突，一个神经元有多个树突，但是，向外传导信息的渠道只有一条，叫轴突。在轴突的尾端，有很多个末梢，它们和其他神经元的树突连接，形成突触，用以传递信号（如图2-1所示）。这意味着，一个神经元可以接受多个神经元的信息，这些信息在经过处理之后再以统一的形式传递出去，也可以同时传递给多个神经元。

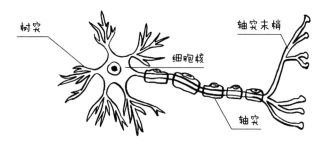

Drawn by Yi Tu

图2-1　树突和轴突：神经元的结构

绘图：Yi Tu

也就是说，输入的信号可以有多路，各路信号的内容都可以不同，输出的信号也可以有多路，但每一路的内容都相同。

第一大脑对事物和概念的记忆,不是存储在某个单一的神经元,而是分布式地存在于一个庞大的神经元网络里。对单个事物的记忆,也不是借助单个神经元一对一地获得支持。例如,当我们听到"白云山"这个词汇的时候,它可能涉及多个神经元,一个神经元代表颜色"白",另一个神经元代表形状"云",第三个神经元代表物体的类别"山"。在我们的信息交流中,只有这三个神经元同时被激活,我们才能准确地理解"白云山"这个概念。

神经元的这个结构给了人类巨大的启发,第二大脑也是模仿神经元构造我们的记忆单元。

在第二大脑中,我们把一个神经元称作"块",块就是第二大脑的最小单位,一个块,它可以是文字,也可以是数字,还可以是图片、表格、视频、链接等,或者是以上要素的任意组合。

以 Logseq 为例,一打开 Logseq,你首先会看到"日志"(Journal)的页面。所谓日志页面,就是某一天的记录,这个记录的内容,可以是你的想法、心得、计划、行动,也可以是任何信息的摘录,它的单位就是"块",也可以说,页面是由一个或多个块组成的。

为简单起见,我们现在以字符块开始举例说明。

你现在看到的是2022年1月15日我记录的一个信息块（如图2-2所示）。首先你看到的是，这个信息分有3个层次，彼此之间有隶属关系，我们可以叫它父块、子块和孙块。

图2-2 日志中的一个信息块

一条信息过长的时候，我们可以将其拆分，下面的第二条信息就是第一条信息的子块、第三条信息又是第二条信息的子块，就像一个人可以有多个孩子，多个孙子一样，一个块可以有多个子块，各个子块还可以再有各自的子块。为一条信息设置子块有很多原因，首要的原因是信息之间存在天然的隶属关系，第二个原因是只有块的大小合适，使用起来才会更加高效。我个人的经验是最好把一个字符块的大小限制在200个汉字以内。长的信息就把它截断，分成若干子块。因为200个字不多不少，在计算机屏幕上大约是5行左右。这个数量让我们可以一眼看过去，立刻发现我们需要的信息，就是可以用眼睛快速检索块的内容。中国古代说的"一目十行"是夸张了，"一目五行"还差不多。我常常有这样的经历：记得在某个网页看过一个有价值的内容，当我想要找回它的时候，就要去网上搜索，等我好不容易通过多个关键词找到那个网页的时候，那个网页上的内容却很多，但我需要的仅仅是那个页面里一两句话，所以又不得不在页面上继续搜索。如果我们设置的"块"大小合适，就可以在第二大脑中避免出现这种繁琐的过程。

为了了解一个信息块的性质，我们可调看这个信息块的元数据。所谓元数据，就是对一个数据进行说明的数据，简单地说，就是关于数据的数据。为了加深对父块和子块的理解，这里我们来调看图2-2中子块的元数据。

我们有必要了解的第一个元数据是"block/uuid"，即它的块号。当我们产生一个块的时候，软件平台就会为这个块自动产生一个编号，这个编号是固定不变的，也是唯一的，就相当于身份证号码，例如，下面这个号码就是我第二大脑中某个块的编号：634c785e-8823-4607-a902-3bd2b20d5e2a。这个编号当然遵循某个规则，如果你有兴趣进一步研究，可以在软件平台的手册中找到说明，但现在我们只要知道这个编号的唯一性就够了。我们需要了解的第二个元数据是"block/left"，它指明自己的左边块的序号。对这个块而言，它左边的块就是它的父块，即"人是一个分数……他全部的生活和他目标的对比"，这个块在数据库里的序号是：1564。数据库的序号不是固定不变的，它是用来标明本块的相对位置，标明它和其他块、页面的关系，只要块有修改，序号就可能改变。第三个需要了解的元数据是"block/content"，它列明了本块记录的文本内容。第四个需要了解的是"db/id"，它标明的是自己在数据库内的序号"1563"，接下来的是本块的路径序号（1543），父块的序号（这个块的父块就是其左边的块，所以同为1564），以及所在页面的序号（1543）（如图2-3所示）。

图2-3 子块的元数据

块的编号和序号作用非常大。类似于（634c785e-8823-4607-a902-3bd2b20d5e2a）的块编号，在我们的第一大脑，是不存在的。我们的眼睛也很难区分（634c785e-8823-4607-a902-3bd2b20d5e2a）和（634c785e-8823-4607-a912-3bd2b20d5e2a）这两个编号有什么不同。事实上，这两个字符串只有一个数字不同，第一大脑很难发现，但这个细微的区别对于第二大脑来说，是非常容易判断的。

人类的第一大脑可以随时调用自己的记忆，但这个过程和计算机相比，是高度模糊的、缓慢的、不精确的。当我们回忆某一特定的往事和场景的时候，有的印象是一呼即来，一看就是对的，但更多的时候，来了不止一个印象。它们有的时候是依次进退、次序井然，但有的时候却是姗姗来迟、模模糊糊、次序混乱。它们都好像是飘忽的幻影，来自大脑中某个隐秘的洞穴，我们根本说不清楚是哪里。当我们发现它们不是我们想要的记忆之时，我们就挥舞着意识的双手把它们从大脑中赶走，又调动其他的印象重新来到大脑之内再次鉴别。还有，对所有的印象和记忆，在我们的第一大脑中也无法像第二大脑中一样标明日期，所以我们常常记得一件事确实发生过，但除了少数一些刻骨铭心的大事，例如入学、毕业、结婚、生子等，或者做了专门的日记，否则我们是想不起来具体发生在哪一天的。

之所以讲这些，是想说明第二大脑和第一大脑工作机制的区别。我们的生物大脑没有这样复杂的编号，也记不住这样的编号。虽然第二大脑存在这样的编号，但我们也不用去记忆每个块的编号以及它具体保存的位置，像第一大脑一样，我们只用记忆它和其他块的关系。每个块的编号是固定不变的，但只要这个块的位置移动了、改变父子关系了，序号就随之变化。当然，这也说明，我们的第二大脑不仅是个保存记忆的地方，更是一个为了工作、生产、创作而存在的体系，它可以随着需求的不断变化而变化。

现在来说说编号的一个重要应用。编号作用很大，举个例子，很可能，你在记录上面这个块的时候，会意识到你在 8 月 20 日的时候记录了一条相关的，或者说类似的信息，它当然就保存在 8 月 20 日这天日志页面的一个块里面。这个时候，你可以把这个块添加进来，添加的方式有两种：

一种是链接：即把那个块的编号放在这，你一点击，就转到那个块，就像网上的链接一样；

另一种是嵌入式引用（见图 2-4）：你可以嵌入那个块的编号，只要写一个简单的语句：{{embed ((62518c8d-f38e-4096-abb1-12251af3f1f2))}}，这个块就会以图 2-5 的方式呈现出来。

为什么需要嵌入式引用,而不直接把这段话拷贝在这里?拷贝确实很方便,但在这里会是一个糟糕的措施。如果我们把某个块连续拷贝 3 次,然后作为子块放到 A、B、C 3 个父块的下面,3 个子块就会拥有 3 个不同的编号,3 个不同的身份,而它们事实上是同一的,这就会给第二大脑未来的管理带来潜在的重复、混乱的问题。链接和引用都减少了第二大脑的臃肿,而且在嵌入式引用中,你可以点击这段话,直接对它进行修改,它原块的信息也同步被修改,非常方便。

- 人生最愉快、最无害的小路,必经过科学和学问的证道,任何人只要在这方面能把一些障碍清除或开辟任何新的境界,我们在那个范围内就应该把它当作人类的恩人。
  - {{fembed ((62518c8d-f38e-4096-abb1-12251af3f1f2))}}

图2-4 嵌入式引用的语句

我个人很喜欢嵌入式引用的方式。这个功能非常强大,这相当于把一些不同的块通过引用聚合在一起,成为新的块。被引用块的个数,没有限制,它们在新块中所处的位置,可以用鼠标随意拖动调整。每一个块被引用的次数,也没有限制,次数会在旁边自动标出来。

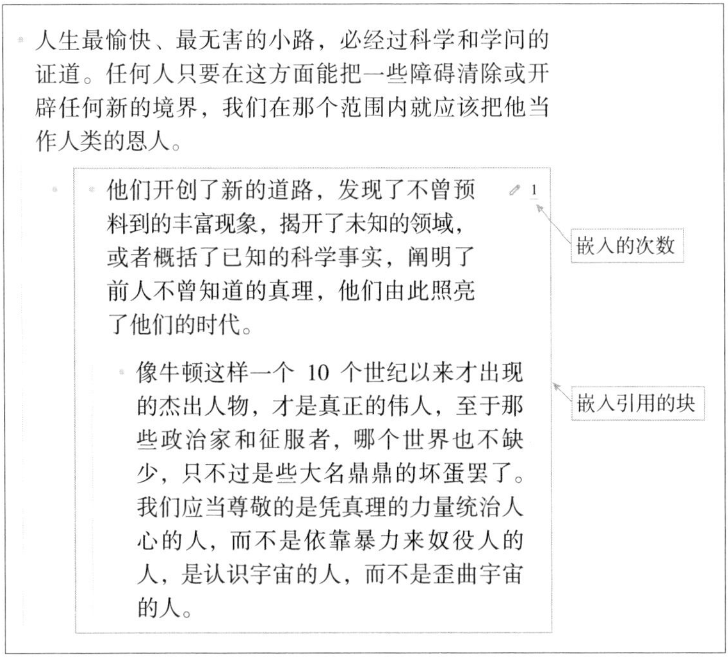

> 人生最愉快、最无害的小路，必经过科学和学问的证道。任何人只要在这方面能把一些障碍清除或开辟任何新的境界，我们在那个范围内就应该把他当作人类的恩人。
>> 他们开创了新的道路，发现了不曾预料到的丰富现象，揭开了未知的领域，或者概括了已知的科学事实，阐明了前人不曾知道的真理，他们由此照亮了他们的时代。 ✎ 1 ← 嵌入的次数
>>> 像牛顿这样一个 10 个世纪以来才出现的杰出人物，才是真正的伟人，至于那些政治家和征服者，哪个世界也不缺少，只不过是些大名鼎鼎的坏蛋罢了。我们应当尊敬的是凭真理的力量统治人心的人，而不是依靠暴力来奴役人的人，是认识宇宙的人，而不是歪曲宇宙的人。 ← 嵌入引用的块

图2-5　嵌入式引用的效果

2

标签:为块建立人工突触

我们前面说到,第一大脑是通过保存关联性来保存记忆的,神经元有树突和轴突,轴突的触角叫"突触",一个块既要有输入信息的树突,也要通过突触和其他的神经元建立联系,把特定的信息传导出去。那我们接下来要做的,就是给我们第二大脑的信息块建立"突触",那这些个突触是怎样建立的呢?

为一个块建立树突和突触的过程,是第二大脑最鲜明的一个特点,它被称为"双链",而互联网上的链接,你可以理解为"单链"。我们先来看看什么是"单链"。

图 2-6 是百度词条"半岛"的页面显示,你可以看到,这里面"湖泊"两个字是高亮的,它是一个链接,你点击

它，将跳转到"湖泊"的页面。在"半岛"的页面上，有很多这样的链接。作为"半岛"，它清楚地知道，它引用了"湖泊"的链接。但我们打开"湖泊"的页面之后（如图2-7所示），我们很容易发现：在"湖泊"的页面上，它是不知道"半岛"引用了它的，它不仅不知道"半岛"引用了它，任何人对它的链接和引用，它都不知道——这就是所谓的单链，就是我们自己知道我链接和引用了谁，但不知道谁链接和引用了我。

图2-6　百度词条"半岛"

（图片来源：网络）

"单链"是互联网超文本链接的主要形式，可以说，整个互联网都是单链的。还记得吗？我们讨论过：互联网上

图2-7 百度词条"湖泊"

（图片来源：网络）

的链接就是延异，延异就是黑洞，因为我们来到一个又一个新的知识点，这些新的信息无一不需要我们投入注意力。假设我们通过"半岛"页面跳到了"湖泊"页面、通过"湖泊"页面跳到了"里海"页面（"里海"是百度"湖泊"页面的第一个超链接）。当我们在阅读"里海"页面的时候，我们可能会突然意识到自己的本意不是来看关于"里海"的介绍。如果我们不是一直都保留新打开的窗口，而是随手就关闭了一个刚读完的窗口，那我们可能不得不花点时间、停下来回溯一下发生了什么，我刚刚是在做什么？我怎么读到了这里？我们所来的路径是什么？如果我们跳转了 3 次以上，就很容易糊涂，完全忘记了自己的初衷。这就是我们为什么说"延异就是黑洞"的主要原因，这也是为什么我们会在前文得出结论：互联网是个获取新信息的好地方，但互联网不是一个好的思考工具。

现在想象一下，如果互联网不是单向链接的，而是双向链接的，那会怎么样？所谓的双向链接，就是我们在阅读"湖泊"网页的时候也可以直观地看到"半岛"网页曾经提及过"湖泊"；我们在阅读"里海"网页的时候也可以直观地看到"湖泊"网页曾经提及过"里海"。那我们就可以随时从"里海"回到"湖泊"，从"湖泊"回到"半岛"。

现在，我们把"半岛""湖泊""里海"简化为符号 A、B、C，所谓的双向链接（见图 2-8），就是可以从 A 找到 B，也可以从 B 回到 A；如果从 B 到了 C，且 B 和 C 也是双向链接，那我们也可以从 C 回到 A。但单链就回不去（见图 2-9）。

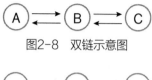

图2-8 双链示意图

图2-9 单链示意图

你可能会说这没什么了不起，但我们要知道，这个箭头代表的可能是逻辑关系。现在将这条链路再加长，图2-10中的A和F乍看之下可能是风马牛不相及的两个概念，但通过中间B、C、D、E的链接，你就能补齐从A到F的所有路径。理解这段逻辑通路，而B、C、D、E在你的第二大脑里可能都是现成的"论据"，来自你过去每一次不经意的记录，它们可能共同促成了"F"这一新的发现，给予你新的灵感。如果你不能来回走动，你就很难理解、发现这样的灵感和通路。

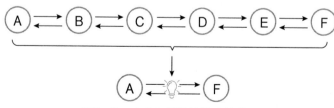

图2-10 多个双链连接达成的效果

那你现在肯定要问,既然双向链接这么有用,那为什么互联网不采用"双链"的结构呢?这个问题其实前人讨论过,美国著名的科技政策专家万尼瓦尔·布什(Vannevar Bush,1890—1974)在20世纪40年代就提出网络应该采用双链的结构来建设。布什是个大牛人,他在70年代撰写过一篇报告叫《无尽的前沿》,直到今天还时不时地被拿出来讨论。布什提出双链之后也不断有人回应,并试图在局部网络中实施,但互联网最终没有采用全网双链的结构,原因有多个:一是如果双向记录网络会变得无比庞大,二是这些回溯的链接在很多时候确实没有什么用,最后还有人用隐私保护和自由引用的权力来反对双链的结构。

而第二大脑和互联网不一样,第二大脑是双链,那它的单链是怎么变成双链的呢?

和互联网一样,第二大脑有链接,但除了链接,第二大脑还给每个块引入了打"标签"的做法。打标签就像给一个块加一个钩子,同一个标签的块会勾连起来,实现自动归类。你也可以把标签简单地理解为分类,分类是人类认识和改造世界最基本的方法。标签的打法,就是一个"#"号紧跟着一个关键词,例如"# 地理",就是"地理"

这个词汇的标签。

百度词条的这句话，在 Logseq 平台上，很可能是图 2-11 所示的这个样子：

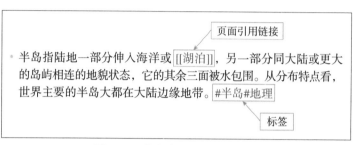

图2-11　信息块的双链如何设置

其中 [[湖泊]] 这个加双方括号的部分相当于互联网上的链接，"[[ ]]" 在 Logseq 叫"页面引用链接"。你一点击，就进入了"湖泊"的页面，这就相当于神经元的树突，它表明"有个信息从这里来"，即来源；但在这条信息的尾部，我们看到，它加上了两个标签，一个是"# 半岛"，一个是"# 地理"。这两个标签表明，这个信息块将会分别汇总到"半岛"和"地理"这两个页面中去，这就相当于神经元的轴突，表明的是信息的去处。也就是说，在第二大脑里的这个信息块，它知道自己引用了"湖泊"，它也知道它被"半岛"和"地理"引用，这就叫"双链"。

我们也可以把标明"我引用了谁"的部分叫作前链

（或者正链）；把标明"有谁引用了我"的部分叫作后链（或反链）。

补充一句，关于页面引用链接，就像互联网上的链接，你可以在任意位置使用双方括号 [[ ]] 将某个关键词框住，Logseq 就会新建一个以这个关键词命名的页面，点击就可以进入这个页面。

未来，当你对"双链"熟悉到一定程度的时候，你会发现，无论是页面引用链接，还是标签，两者在功能上几乎是等价的，都是产生或者链接一个页面。如果说有一点点区别，那就是标签在某种程度上，可以被认定是元数据，而"页面引用链接"仅仅是一个链接，不是元数据。

我们前面不止一次谈到，我们的第一大脑是通过保存关系和连接来保存记忆的，现在开始你会逐渐体会到，相比于互联网的单链，第二大脑的双链标明了双向的关系，更适合保存关系、保存记忆，当然也就比互联网更适合展开思考。

关于标签的第二个要点，是标签可以继承。

我们前面介绍了父块、子块和孙块。子块隶属于父块，不同的子块还可以有各自的子块，即孙块。其实，你也可以把这种关系理解为一种分类，如图 2-12，A 有 B、C、

D 3个子块，B 自己又有 E、F、G 3个子块，这也就实现一个初步的分类，这个分类的结构叫树状分类，或者叫树状结构。这个分类是严格的层级分类，例如在图 2-12 中，既然 F 属于 B，那它就不能属于 C。

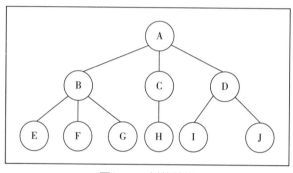

图2-12　树状结构

但树状分类很容易产生一个难题，一则信息很可能有多重属性。按照这多重属性进行分类，既可以被划分到 A 类，也可以被划分到 B 类，甚至还可以被划分到 C 类，而 A、B、C 三类的划分往往又没有遵循统一的、严格的标准。标签之所以产生，针对的就是上述这个困难，两个标签之间可以没有严格的从属关系，例如我可以为一个信息块打上两个标签：一个是"# 人性"；一个是"# 科学"。"人性"和"科学"的关系并不是树状结构可以描述的，为了我们的方便，它们也没有必要遵循严格的逻辑关系。

简单地说，通过标签，可以创建重叠的集合，这是严格的树状结构做不到的。

我们接着要说明的是，因为子块和父块是树状结构，子块隶属于父块，所以子块会继承父块的所有标签，各个子块也可以拥有自己的标签，这些标签可以和父块不同，也可以和其他子块不同。图 2-13 是我们给第一个图示（图 2-2）中的例子加上标签。我们来看看标签是怎么继承的。

当我们搜索某个特定关键词的时候，不仅会搜索父块，也会搜索子块。现在假设我们搜索的是"自我"，第二大脑会发现这个父块是我们的目标，则会同步显示父块和所有的子块，因为子块自动继承父块的所有标签；但当我们搜索"爱"的时候，只有一个子块是我们的目标，则仅仅显示这一子块和其父块，其他子块全部不显示，同步显示其父块的原因是便于我们定位、理解这个块在我们第二大脑中的位置。理解这一点，你就理解了父块和子块的关系。

Logseq 还允许给一个标签建立子标签，它的格式是"# 半岛 / 地理"，即"# 半岛"是"# 地理"的一个子标签，这种标签的层级其实也是一种树状结构。使用了标签层级的地方，块和块之间要么是上下级的关系，要么是同级的

📅 **Jan 15th, 2022**

- 人是一个分数。你的目标是分母,你的行动就是分子,分子和分母都是一个代数多项式。人就是他目标要成为的东西,他要成为一个"1",而不是一个"0"。人实现自己有多少,他就有多少的存在。因此,他就是他行动的总体,他全部的生活和他目标的对比。#自我 #目标 #自省 ← 父块3个标签

  - 你可以问问你自己,如果你的生命只剩下 12 个月的时间,你会不会改变你现在的生活方式?有哪些事你不想再做了,有哪些新的事你想去尝试,还有哪些事情你要调整,增多或者减少,有哪些人你要去拜访,要花时间和他们相处,还有哪些人你不想再见了。你还可以转换一个角度再问自己一个问题,如果你实现了财富自由,你又将怎样调整自己的生活?对这些问题的回答,事实上就是你对生活的憧憬和目标,你应该聚焦在这些目标、方向和事情上,按照它们的优先级、重要度,一件一件完成,行有余力再去设计新的目标。#爱 ← 子块1个标签

    - 每一个回答这个问题的人使用的几乎是同一种思路,他们说在这 12 个月的时间里,会尽可能多的时间与自己最爱的和最关心的人在一起,在你弥留之际,你会觉得所有物质和财富的目标统统不再那么重要。#家庭 ← 孙块1个标签

图2-13 父块和子块的标签继承

关系。这样,我们可以一目了然地看到哪些块是并列的,哪些块是隶属的。之所以提供这样的设置,就是想通过标

签和树状结构的有效互补,让信息块产生更多符合我们逻辑直觉的交叉和联结。

讲到这里,你可能觉得,标签真的有点复杂。我的经验是,打标签不难,难的是你要确定在自己的第二大脑里究竟要设置哪些标签,这才是一个问题。如果你随意使用一个词作为自己的标签,你将很快意识到,你无法给自己的信息块进行有效的分类,反而会给自己带来管理的麻烦。你所有的标签汇集在一起,最后会形成一个独特的标签体系,这个标签体系是否科学有效是第二大脑的重要支撑。

最后,我们梳理一下标签设置的基本原则和方法:

第一,标签选用的关键词要准确、统一、有代表性。我们可以参照学科的分类、图书馆的主题分类方法来列出自己的标签用词。但更重要的是,打标签是一个高度个性化的事情,标签是用于分类和搜索的,只有符合自己分类的需要才能保证较高的查找效率,所以你选择哪些词作为标签,要根据自己的需要来设置。

第二,每个块的标签数量不要太多。我的经验是3个最好,为什么是3个,原因后面会具体解释,但我们要避免标签总数的上升。数目的增多意味着属性的细化，管理它们很费时间和精力。

第三，不要试图一次性打好每个块的标签。标签也可以随时修改，这是一个循序渐进的过程。我们可以在对块的认识加深时再添加、再修改，修改标签就像修改一个块一样简单。

第四，在树状结构里打标签，子块会继承父块的标签，即自动拥有这个标签；但子块也可以有自己新的属性，即独立的、新的标签。所以要思考哪些标签应该放在父块，哪些应该放在子块，要不然在我们的分类和搜索中，会出现大量重复臃肿的现象。

3

页：第二大脑的反射区

当我们为一个块打上某个特定的标签时,它就属于某个特定的分类了。第二大脑会自动为每个标签形成一个新的、专属的主题页面,这个页面会把所有带有这个标签的块汇集到一起。

一个页面就是第二大脑的一个主题反射区,下面我们来讨论怎样来建设、使用这个反射区。

下面是我第二大脑中的一个叫 [[历史]] 的页面(图 2-14,图 2-15),你会看到这个主题的反射区现在分为三个区域:第一区域叫主反射区,目前是空白;第二区域叫 "Linked Reference"(标签引用集聚区),你会看到这里汇聚了一些信息块;第三区域叫 "Unlinked Reference"(无

历史	第一区域：主反射区

第二区域：
标签引用集聚区

7 Linked References

Apr 12th, 2022
- 世界无论摊上多少苦难。但它总是迂回地、缓慢地靠近光明。（反过来说好像也对）#历史

Mar 31st, 2022
- 一切重大的世界历史事件和人物，一般地说都会出现两次，这是黑格尔告诉我们的。而且，正如后来马克思后来补充：第一次是作为悲剧，第二次是作为闹剧。#历史

Jan 15th, 2022
- 没有什么世界之都。多少王朝崩溃，多少英雄死去，世界的中心只在那小小的风俗之中——在那里，一个小小的禁忌，都可能成为命运。#历史

Jan 11th, 2022
- 我要向你透露一件事情，这件事在你的生活中会反复加以证实：一切处于倒退和瓦解之中的时代都是主观的，与此相反，一切前进上升的时代都有一种客观的倾向。我们现在的这个时代是一个倒退的时代，因为它是一个主观的时代，这一点你不仅在诗歌方面可以见到，而且在绘画和其他许多方面都可以看出。与此相反，一切健康的努力都是由内心世界转向外在世界，像你所看到的，一切伟大的时代都是努力向前，都是具有客观性质的。#历史

图2-14 "历史"主题反射区（第一区域、第二区域）

第二章　构建数字记忆体

第三区域：
无链接引用区，即游离的神经元

125 Unlinked References

Sep 21st，2022

- 改革开放也许是中华民族两千年 历史 上极为珍贵一段经历，是中国人理性精神和自由品格最富有世界意义的进步。在这次革命性的变革中，中国的领导人以开放的胸怀引领了一场以人为本的伟大解放。比高楼大厦崛起更重要的，是理性和常识的回归。比商品堆积如山更珍贵的，是尊严和自由的重建。茨威格在《人类群星闪耀时》一书中写道："在历史中也像在艺术和生活中到处遇到的情况一样，那些难忘的时刻并不多见。一个真正具有世界 历史 意义的时刻，必然会有漫长的岁月无谓地流逝。"
#治国 #中西

Sep 18th，2022

- 人类天生就具备记录生活的欲望，可能就是一种本能，人类在获得温饱之后就会产生记录的需要，如果你去回顾考察人类记录的 历史 。从文字、绘画（特别是画像）、照相、录音、以及现在的视频，你就会发现，人性深处确实有记录的欲望，每个人都是在不断记录的人，而现在，到了一个时候我们可以把原来个人零散的记录行为、记录结果变成一个像出版一样规范的事情和事业。#记录 #记忆

- 我们喜欢回忆。当我们看到这些照片和记录的时候，我们不仅仅是在追忆似水年华，我们还在感叹生命本身。

- 谁的家里没有保存一些记录呢？我出生在20世纪70年代，我见证了一个时代成为 历史 。在我是一个青年的时候，相片和相册就是一个家庭承载记忆的主要载体。我们去到朋友家做客，常常聚在一起翻开朋友家的相册，这是一个美好的时刻。在2007年第一台智能手机上市之前，大部分手机是没有拍照功能的，数字化的照片和数字化的视频都不太普及。如果家里发生火灾之类的意外情况，他们被迫离开自己的家，相片和纪念品是他们首先想到要带走的东西之一。

无标签引用

图2-15　"历史"主题反射区（第三区域）

链接引用区），也汇聚了一些信息块。目前你还不清楚这些信息块是怎样来的，三个区域是怎样形成的，我下面一个一个做出解释。

先从第二区域开始。这个区域叫"Linked Reference"，也就是"链接引用"。事实上，这个部分归集的，就是双链中的后链，它会告诉我们，有谁引用了我。我们现在看到这个区域已经列明了它包含 7 个块，分别来源于 2022 年 4 月 12 日、3 月 31 日、1 月 15 日、1 月 11 日等日期的日志（Journal），这就表明，在 4 月 12 日的日志里，有信息块引用了我，我——就是 [[历史]] 这个主题。也就是说，我们在 4 月 12 日这天的日志里面，记录了一个信息块，它被打上了"# 历史"的标签，所以被汇聚到了这里。当然，你可以很快查看 4 月 12 日的日志，确认这个信息块，如图 2-16：

Apr 12th, 2022
- 世界无论摊上多少苦难。但它总是迂回地、缓慢地靠近光明。（反过来说好像也对）# 历史

图2-16　从日志中汇聚过来的信息块

"Linked Reference"这个区域，也是所有具备同一标签、通过标签相连的神经元的聚集区。

我们知道，标签这种分类方式比树状结构更实用，但是

标签也有问题，它描述的关系事实上是一种弱关系，基于它的分类通常是广泛的、交叉的、模糊的。当这些神经元聚集在一起，问题来了，它们之间没有层级和结构，只是一个混乱无序的排列。这个排列先天的标准是按时间进行的，你可以看到，这 7 条讲的虽然都是"历史"，但着重点还是不一样，要把它们合并到一起，有点难，我们必须一条一条地看，才知道哪些相关度高、哪些有用，又有什么用。

要建立一个有效的第二大脑，这时候我们要做一件非常重要的工作，那就是：重新赋予这些聚集在一起的神经元以新的结构，这也是建立主反射区的过程。我们的第二大脑，要提前预设这个反射区应有的结构，按照这个结构重新审视这些神经元，然后把我们判断为相关的、合适的神经元从第二区域转移到主反射区的相应位置去。这个过程的本质，是在同一标签的页面中，确定各个块和反射区主题的关系远近和结构。一旦确定它们有亲密的关系，就可以把它从第二区域移到第一区域，即主反射区，其操作在 logseq 平台上非常简单，当一个块被移动到第一区域之后，它就可以删除"历史"这个标签，因为它已经属于主反射区了，在主反射区的块，天然就具备这个标签；但它还可以保留其他标签，正是因为其他标签的存在，它还同时属于其他页面，是组成其他反射区中的一个神经元。

也就是说，主反射区的内容可以来源于"Linked Reference"这个区域，这取决于我们怎样评价"Linked Reference"区域那些块和反射区主题的关系以及这些信息块本身的质量。

现在我们来看第三区域，这个部分就是"Unlinked Reference"，即"无链接引用"，也可以理解为"无标签引用"。这里的块来自哪里呢？我们说标签是一个关键词，有一些块包含这个关键词，但却没有被打上这个关键词的标签。这样的块就会自动汇聚在这里，我把它们称为"游离神经元"。比如从前面的图2-15你可以看到，在我的第二大脑里包含有"历史"两个字，但没有打这个标签的"游离神经元"一共有125个。第一、第二个分别来自2022年9月21日、9月18日的日志。这些游离的神经元在我们利用第二大脑研究问题的时候，也可能发挥巨大的作用。一个最直接的可能是，某一天你可能会决定，它事实上不是游离的，而是直接相关的，从而给它加上标签，它就会立刻出现在第二区域，成为"Linked Reference"（后链引用集聚区）的一部分，这时候，它从一个游离的神经元变成了紧密相连的神经元。

历史

记录之历史的作用

- 最早的寓言故事一定包含着民政方面的一些真相，所以必然就是最初各民族的一些历史，一切野蛮民族的历史都是从寓言故事开始的。
  - 所有历史的最初基础是父亲对儿子的述说，他们被一代传一代，最初他们的逻辑性很强，并不与常识冲突，但他们被每传一代人，其逻辑性就减弱，随着时间的推移，虚假的细节不断增多，真实的事迹不断减少，由此便导致人们的起源不可思议。
  - 在我这部把伟人们的生活进行了比较的著作中，在考察了那些推理可能达到的和真实的历史可能找到立足点的阶段之后，关于更遥远的过去，我可以说：在此之前只有传奇和想象，居民们是诗人和寓言发明家，此外再没有别的可以相信和确认的了。
- 在古人的著述中，我们所掌握的部分可以说是微乎其微的，只是命运之神使他们残存下来，并根据他们自己的爱好对它们做了剪裁，我们有理由怀疑我们所掌握的是否是最没有价值的部分，因为我们对其他的一无所知。
  - 我的责任是在报道人们所说的一切，但我自己并不一定就相信这些事是真实的，我这项声明适用于我的全部作品。
  - 因为我们不知道古代的事实，所以我们尽可能把虚假装扮成真实，并加以利用。

历史的进程

- 是循环，还是进步，或者倒退？
- 黄金时代，白银时代，青铜时代，黑铁时代。

分区名称

图2-17 "历史"主反射区的两个分区（1）

- 人们必须认识到人类进步能够被改变的只是其速度，而不会出现任何发展顺序的颠倒或跳跃过任何重要的阶段。
- 这是古代以自主方式生活的一切地方的正常现象，互相抢劫是一种正当的职业，绝没有当成是违反自然法的事情，以致抢得赃物越多的人就越光荣。
- 欧洲的50年胜过中国的一个朝代。
- 人类的一切事情都具有自然运动、生长、灭亡的过程，都是一个循环，每个人、每一种政体或每一件事情都有一个经历发展、兴盛、衰落的自然过程。

- 一切事物的运动都有特定的时间，他们注定要发生、发展和毁灭，你所看见在我们头顶上移动着的星辰和我们所依附并居住在其上似乎不动的地球，都将会衰竭和消失，一切事物都会衰老，各种事物的寿命虽然不一样，但都是受到自然的驱使去达到同一个目标，任何事物都将终止存在，但它不会消失而只是分解为其他的元素。地球的元素必须被全部分解或彻底破坏，才能使他们重新创造清白纯洁，才能不留下教唆犯罪的余孽，终有一天整个人类会被埋葬，长期忍受命运所产生的一切，所有出人头地的人物，所有著名的和美丽的事物，以及伟大的国王和伟大的国家，都会沉沦，都将在顷刻之间被推翻。当人类彻底毁灭，野兽也被赋予同样命运的时候，地球将再次引进大海汪洋，大自然将迫使大海停止流动，在所有界限之内消解其怒涛，事物的古老秩序将被恢复，所有的生灵重新创造，地球将得到在更幸福的星辰照耀下诞生的不知罪恶的新人类，但是他们也仅仅是在诞生之初保持了他们的清白和纯洁。#宇宙

> 这个块还带有"#宇宙"的标签，这说明它还将出现在"宇宙"主题反射区

图2-17 "历史"主反射区的两个分区（2）

现在我们明白了反射区的主要结构,我们要再聚焦谈一谈"主反射区",顾名思义,这是一个反射区的主体。当然,除了把第二区域的相关神经元转移过来,我们也可以随时在这个区域直接写入。在主反射区我们还可以建立分区,例如,在我的"历史"主反射区就分了两个分区,第一分区名为"记录之历史的作用",第二分区名为"历史的进程",而相关的神经元分别归拢于这两个分区的下面。

在每个分区开始的头部,我们还可以做一张专门的卡片,对这个分区所有块的内容、框架和精华进行总结和勾勒,在 Logseq 里叫闪卡(flash card)。这是为加强记忆、快速查阅使用而准备的,图 2-18 是我为"时间"这个反射区做的一张头部闪卡。当我们一看到这个卡片,就可以快速的确定这个分区的内容和精华,还可以把它设为提问的模式,一行一行提问,以辅助我们的记忆和思考。这张卡片内还可以包含直接点击跳转的链接,这对内容庞杂、巨大的分区特别有用。例如,这张卡片的 86 400 秒就是一个链接,点击它可以直接跳转到相应的块(见图 2-19)。考虑到这张卡片的快速提醒作用,我称之为页面反射区的"快反机制"。

在 Logseq 里面,有很多类似快反机制的设置,能帮助你提高对信息块的记忆。

判断一个分区是不是已经成熟,我们可以看它是否有足够多的块、是否还有自己的框架。如果一个分区还可能继续分区,那就可以把它单独拿出来,成为一个新的、独立的主题反射区。

历史
- [[时间]] 的维度总结 #card
  - 本质:无始无终,永恒,少多少年未来的时间也不会减少,没有任何分界线。
    - 万王之王不受约束,最好的老师。
    - 在大部分时间里,我们并不存在,以前不存在,以后也不存在。
    - 对时间的感受取决于大脑的记录记忆。
  - 比喻:事件的河流,刮风天的云。
  - 你有多少时间:一天一千多分钟,86 400 秒,有 16 小时可以自由支配。 ← 链接引用
  - 怎样管理时间:清单,缩小时间管理的单位。
  - 善用时间尺度体现大智慧:放大时间的尺度,风物长宜放眼量。
- 在你看来,1000 年有如过去的昨天,又如夜间的一更。
  - 过去短,未来长,现在则可长可短。
  - 无法度量的过去,一个月和一个星期一样长。

图2-18 页面反射区的快反机制:头部闪卡

> Dec 28th, 2021 ← 来源于2021年12月的一篇日志
>
> - 如果每天都有 86 400 元进入您的银行户头，而且必须当天用完，用不完就没有了，上帝就没收了，不能累积，不够也不能向别人借，您会如何运用这笔钱？天下真有这样的好事吗？是的，您真的有这样一个户头，那就是"时间"。每天每一个人都会有新的 86 400 秒进帐。#时间 #计划
>   - 看起来很富有吧！您又是怎样利用它们的呢？哲学家伏尔泰说："最长的莫过于时间，因为它无穷无尽；最短的也莫过于时间，因为我们所有的计划都来不及完成。"您是否有过这样的经历：某一天，您雄心勃勃地准备把手底下的事清理干净，可到头来却一事无成？也许每个人都曾有过这样的经历，但在某些人身上表现得格外明显。

图2-19　头部闪卡86 400秒链接引用的块

现在我总结一下，在我们的第二大脑里，有且只有两种类型的页面（见图2-20），第一种是以时间流水为线索的日志页面（Journal），第二种是以专门主题为线索的反射区页面。其实这两种页面都可以视为反射区，只不过日志页面是以某一天为中心的，主题反射区页面是以某一主题为中心的。此外，日志页面还有一个特殊的作用，就是我们每天写下信息块，可能一时半会想不出应该打上什么标签，那新的想法就暂时停留在日志那里，等待你做出决定、打上标签，就此而言，日志的页面就相当于一个候诊室、一个缓冲区。

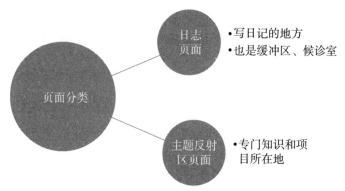

图2-20 第二大脑中的两大类型页面

一般情况下,我们可以在日志建立一个个新的信息块,这就相当于大脑中一个一个的神经元,我们通过标签把相关的神经元归集为特定的页面,这就是专门的反射区。在这个专属的反射区里,我们不断地重新审视链接引用块、非链接引用块,对它们进行调整,形成我们反射区的主体。通过建立头部卡片等措施,我们还可以不断地温习这个反射区。这样,一个真正的、功能健全的主题反射区就建立起来了。

最后,有一个很好的消息,主题反射区的名字可以不断地改动,这个意义重大,它意味着所有的标签都可以不断地改动,因为主题页面是按标签自动生成的。如果你修改了反射区主题的名称,那你就修改了标签的名称,所有链接里显示的名称都会同步自动更新。例如，你已经看到了"历史"主题反射区的样子，如果我将主反射区"# 历史"这个标签修改为"# 中国历史"，那所有加上这个标签的块都会自动更新为"# 中国历史"。这是一个非常有用、强大的功能，可以帮助我们不断地优化标签，把标签体系变得更加精准和细密。

接下来，你很容易想到的是，功能类似的反射区聚集在一起，就会形成一个类似于神经中枢的地方，许许多多个神经中枢聚集的地方，就相当于我们生物大脑的大脑皮层了。下一节我们将在另一个层次上阐述神经中枢和大脑皮层的作用和意义。

4

构建神经中枢和大脑皮层的意义

一个人的成长,其实大部分时间都处在黑暗中。人无法通观自己,但一条一条的记录,就是照亮自己的一点星光,帮助我们在日常生活中认识自己,指导自己,形成我们的价值观。如果我们本着务实的态度去记录,就一定会得到回报。

当第二大脑里的信息块越多、页面越多,关联建立得越来越繁复时,我们就很容易失陷在复杂的网络中。这个时候,我们需要一张地图,也就是一个清晰的索引,它可以帮助我们梳理各个主题反射区之间的结构化关系,也可以帮助我们更容易实现检索。

我的做法是，把一些相关的反射区聚合在一起，形成一个多页面的集群。用部队的建制来打个比方，如果说一个反射区是一个团的话，那一个反射区分区就是一个营，多个主题反射区的集群就是一个师，多个师又构成更大的集群——军。当然，对应我们的生物大脑，我们也可以把代表多个主题反射区集群的"师"称为"神经中枢"。

页面集聚就是把不同的页面归集、放置到一起，这个行动本身并没有太多的技术可讲，但哪个页面和哪个页面归集到一起，意义却很重大。

Logseq 提供了一个这样的组织功能，这本质上是一个叫"Content"（目录）的页面。例如，我在使用 Logseq 平台 1 年之后，就把"知识、真理、智慧和信仰"等页面集聚在一起，形成了一个"真理和信仰"的集群，这个集群下面有 25 个页面，这是在 1 年的过程中自然形成的。对于每一个页面，我并没有立刻关心它们有多少信息块、是不是已经完整地拥有了主反射区和分区，我只是让它们自然成长，时不时关注它们，当我觉得有一个集群可以形成了，我就把它们单独列出来，成立一个专门的神经中枢（如图 2-21 所示）。

你可以想象，当我们的神经中枢越来越多的时候，就构成了我们的大脑皮层,当大脑皮层完全发育成熟,一个关于知识的体系和价值的体系也就出现了,这标志着第二大脑也建设成功了。

```
• 智慧、知识、真理和信仰                 ←── 一个主题反射区
  • [[ 感觉 ]][[ 思考 ]]（和理性相通）
  • [[ 记忆 ]][[ 记录 ]][[ 数据 ]]
  • [[ 知识 ]][[ 无知 ]][[ 真理 ]][[ 理性 ]]
  • [[ 时间 ]]
  • [[ 历史 ]] 包括记录和进程
  • [[ 智慧 ]][[ 方法 ]][[ 禅 ]]
  • [[ 哲学 ]][[ 科学 ]]
  • [[ 信仰 ]][[ 宗教 ]]
  • [[ 预测 ]][[ 决策 ]][[ 因果 ]]
  • [[ 清晰 ]][[ 量化 ]][[ 精确 ]][[ 计算 ]] 包括数学
```

图2-21 一个神经中枢（页面集群）

知识体系我想大家都明白,就是随着知识越来越多的时候,知识之间会形成结构,并覆盖到所有的领域。那价值体系和页面集聚、大脑皮层有什么关系？价值体系就是一个人价值观的总和,价值观就是一个人更看重什么、什么事情对他来说更加重要。在做选择时,人们就会在自己看重的事情上投入更多,并且限制自己在不重要的事情上

的投入。人生很复杂，求学就业、恋爱结婚、生养子女、晋升创业、生老病死……有很多难题，每个人都要一一面对，如果没有明确的价值观，我们就很容易困惑，不知所措；如果没有稳定、统一的价值体系，面对人生的纷繁选择，我们的决策和行动就无法统一在同一套观念中，我们的决定就会支离破碎、前后矛盾，这次选择向左走，下次面临类似的路口，却选择向右走，还有的时候，明明打出了左转向灯最后却向右走，变成了投机。人生的选择如果是机动的、无序的，这些行为之间就会产生冲突，这些冲突就会在我们的内心产生困惑和痛苦，当然，靠投机也很难取得长期的成功。

价值观的来源，无非两个。第一来源是经由社会的灌输而来，一个人在幼年的时候，会从自己的家庭、学校学习，不知不觉接受了外来的某种价值观。但这些外来的价值观是不足以指导一个人一生中的所有事务的，所以就有了第二来源。这个来源是经由自己的求索而来的，自己听到了很多事，看到了很多事，经历了很多事，在这个过程中靠自己判断和思辨的力量一点一滴、慢慢地形成一套价值观，这是一个成长的过程，需要长期的积累。

这个过程的微观步骤，就是"记录、思考和总结"（这个步骤也可以叫"记录、反思和提炼",见第五章第一节《曾国藩家书》的段落)。事实上,一个人要通过日常生活的点滴努力形成一整套的价值观,我认为没有比第二大脑更好的工具。记录对人的思想和观念有很强的塑造作用,你选择记录什么,你才可能成为什么。记录、思考、总结多了之后,会慢慢形成一套自己的东西,也就逐渐沉淀为自己的价值观。

概括地说,记录可以帮助我们每个人形成整体的价值观。

当你的第二大脑有足够多的主题页面、反射区集群(神经中枢),这就意味着你的"大脑皮层"成熟了,当我们碰到任何一个人生的难题,我们可以首先来到第二大脑求助,我们先检索我们的"神经中枢"面。例如最近我带着孩子搬到了一个新的小区,两个孩子虽然处在不同的年龄阶段,大的在青春期,小的读五年级,他们在这个过渡期都有一个迫切的需要,就是需要认识新的朋友,我作为父亲,应该怎么指导他们呢?

我会来到我的"大脑皮层",确定我可以从两个集群获得支持:一是情感、感情和情绪的集群,它有9个页面,包括一个叫孤独的反射区(图2-22);二是个人和社会的集群,它有8个页面,包括一个叫友谊的反射区。

- [[情感]][感情][情绪]]中枢
  - 孤独
  - 忌妒
  - 恐惧 仇恨
  - 焦虑
  - 愤怒

- 个人和社会的关系中枢
  - 仁爱
  - 友谊
  - 女性 爱情 性 爱
  - 婚姻 家庭 包括夫妻和父母子女

图2-22 在我第二大脑中的两个相关的神经中枢

我会从这两个反射区的主区开始，逐一阅读我做过的记录，有很大的概率，我很快就能获得一些方向和启发，然后决定我的行动，我的行动可能是在晚餐的时候讲一个故事，或者通过微信给老大发一首诗歌。围绕一个名人的观点组织餐桌讨论，倾听他们的想法，当然更直接的是给他们提出一个建议，或者和太太商量，采取一些相应的行动。一般来说，我总会找到一些我平时不太记得的信息，当这些信息一一出现，它们总是能发挥作用，除了主反射区，我还可以打开 Unlinked Reference（无链接引用区），阅读那些游离的神经元，查看更多的条目，我也可能再去"教育"的反射区查看，直到我心中有一个比较清晰的行动地图。

那我从这些"神经中枢"的阅读和查找中具体获得了什么呢？我下面就以上述场景为例子，略举几个收获和启发。

如果你逐一阅读这些关于启发的信息（图 2-23—图 2-28），你会感觉这些启发和收获可以说很零散，但是它们非常管用，这立刻给我提供了在晚餐桌上时、在和孩子闲聊过程中谈话的观点和素材。这和临时去互联网上找、从书本里面查是完全不一样的。我讲的这些东西是我平时记录的素材，这些素材是我经过思考和判断认为好的、我欣赏的、我可能缺乏的东西。通过记录和讲述，我不断地巩固了我的价值观，同时也滋养了我孩子的价值观。

> **友谊**
> - 有两个人在一起，就可以抓住一个人所不免要失去的那种机会，如果只是一个人自作主张，那就很容易迟疑不决，即使看到机会也可能白白错过。
>   - 文明社会中，不论在什么时代，人都需要许多人的合作和帮助，但他的一生中仅仅能得到几个人的友谊。
>   - 没有一个人可以没有朋友而过好人生，尽管他有一切的美德。达官显贵被认为是最需要朋友的人，因为如果没有行善的机会，赫赫家财又有何用呢？在最值得称道的朋友之道中，最主要的正是行善，没有朋友又如何守得住万贯家财，家大业大风险更大。贫贱之人，潦倒之人，更把友谊看作唯一的避难所，友谊还能帮助年轻人修正错误、照顾老人，扶助弱小，使刚刚起步的人行为高尚，与朋友在一起使人更能思考，更加善于行动。

图2-23　启发1：友谊的重要性（来源于友谊主题反射区的主区）

> **友谊**
> - 朋友也未必总是带来好处,有时反倒带来麻烦。伏尔泰曾哀叹道:"上帝啊,管管我那些朋友们吧,至于敌人,我自己能对付。"

图2-24 启发2:友谊的负面效应
(来源于友谊反射区的主区)

> **Nov 2nd,2021**
> 梭罗的名言
> - "无论两条腿如何努力,也无法让两颗心的距离更加接近。"
> #友谊

图2-25 启发3:友谊和物理距离的关系
(来源于2021年11月2日的摘录)

> **Oct 2nd,2022**
> - 交朋友的能力,其实本质上是欣赏别人优点的能力。世界上唯一能影响对方的方法,就是谈论他所需要的东西,而且还告诉他如何才能得到它。#友谊

图2-26 启发4:交朋友的具体方法
(来源于2022年10月2日的摘录)

> **May 7th,2022**
> - 当你静下心来的时候,你可以生活在宇宙的任何一处。一个庭院、一间陋室、一杯淡淡的清茶,你会以淡泊的心享受生活的全部,你不用去找伴侣,你自己就是自己最好的朋友,你会喜欢独处,你会享受寂静。#孤独

图2-27 启发5:独处的好处
(来源于2022年5月7日的摘录)

Sep 1st, 2022

- 美国好莱坞明星乔治·克鲁尼（George Clooney）亲口证实多年传闻，他送给14位曾经帮助过他的朋友每人100万美元现金作为礼物。克鲁尼向 *GQ* 杂志亲口叙述起这段往事，听起来好像是好莱坞电影里面的情节，但却是发生在现实生活中的事，而且就发生在好莱坞。#故事#时间#友谊#金钱

  - 最早是在 2017 年，克鲁尼的好朋友、生意伙伴格伯（Rande Gerber）最先透露他收到了克鲁尼送给他的一个装满现金的箱子，以表示对他的谢意。2020 年克鲁尼接受杂志专访时亲自确认了这个传闻，他在专访时说，"那是在 2013 年，我和艾玛（又译作阿玛尔，克鲁尼现在的妻子）才刚认识，但还未开始交往，我还是单身，当时大概已经 52 岁了吧，我周围的好朋友都已年纪不小了。"

  - "这些人真的都是我的好朋友，可能在我人生很长的一段时间中都帮助过我。"克鲁尼说："我们这几个人都是很亲密的好朋友，这么多年来大家互相帮忙，没有这些朋友，我不会有今天。"他说："如果我哪天被车撞，我会留一部分遗产给他们。所以我就想为什么要等到被车撞了再对他们表达谢意呢？"

  - 于是克鲁尼弄来一辆厢型车，还把厢型车伪装成运送鲜花的样子，到洛杉矶一个地点取款，1400 万美元现金要动用货板车才能搬运。在几个保安人员小心翼翼地协助下，他们将 1400 万美元现金分装在 14 个 Tumi 牌的公文箱里面，就像是克鲁尼主演的好莱坞电影《瞒天过海》（*Ocean's Eleven*）里面的场景一样。准备好现金行李箱之后，他告诉这 14 位朋友第二天过来他家吃饭，他们到了之后发现在每个人的餐桌位置上都放了一个皮箱。克鲁尼告诉他们，每个人 100 万美元，是向他们表达谢意的礼物。

图2-28　启发6：友谊和金钱的关系，一个令人印象深刻的好故事（来源于2022年9月1日的摘录）（1）

> 格伯回忆起当时克鲁尼说,"我希望让你们知道对我来说你们有多么重要,我当初来洛杉矶,就是睡在你家沙发上。""能有你们这几位朋友我非常幸运,没有你们的帮忙我不会有今天,我希望在大家都仍健在的时候,能够回馈你们,请你们打开行李箱。"
>
> 格伯说,打开箱子看到100万现金礼物后大家都非常吃惊,而且克鲁尼说他已经为这笔现金馈赠预先缴税,等于是说他们每个人都可以实拿 100 万美元。"其中有一个朋友在德州机场的酒吧里工作,赚钱养活家庭,每天骑自行车上班,这些人帮助过克鲁尼,现在换克鲁尼回馈给他们。"

图2-28 启发6:友谊和金钱的关系,一个令人印象深刻的好故事(来源于2022年9月1日的摘录)(2)

一个人的使命就是认识自己、成为自己,成为一个真正的人。如果从10岁开始算起,我们将用50年到70年的时间来完成自己第二大脑的建设和打磨,每一个人都会拥有一个涵盖自己一生学习和思考过程的完整记录库,我们的求知过程将会发生革命性的变化,逐渐形成一个非常精细和复杂的知识体系和价值体系。这就是第二大脑在除了记忆和思考之外的第三个功能,它将帮助我们建立价值体系,确立自我,成为自己。通过第二大脑,我们不仅可以把自己终生的记录留存后世,我们留给后人的,还包括一个由我们的人生经历锤炼打造的知识框架和价值体系。

那一个成熟的"大脑皮层"到底需要有多少个"神经中枢"呢？我认为没有必要根据"神经中枢"的数量来衡量第二大脑是否成熟，这完全是因人而异的，每个人都可以按照自己的原则和个性化的需要来建立"神经中枢"，第二大脑就像我们一个人本身，带有鲜明的个人特点和风格。我现在有20多个神经中枢，每个中枢下面有10个左右的主题反射区，第二大脑的建设没有止境，我只能说，等我的神经中枢达到30个的时候，我的第二大脑建设会上到一个更高的台阶。

一个反射区到底应该归属于哪一个神经中枢，我们可以随时地调整。一个反射区还可以属于多个神经中枢，这完全是按照我们的个人需要来设定的。正像一个块可以引用另一个块，一个反射区也可以引用另一个反射区，可以是链接引用，也可以是嵌入式引用，这就形成了"脑中有脑"的结构。

概括地说，神经中枢的架构是可以不断调整、优化的，而且一开始，我们并不要急着强行建立神经中枢的结构，因为当我们对问题认识还不够清晰时建立的结构一定是不完善的，坚守这个结构反而会限制我们的思考，带来不必要的麻烦。

唯一要注意的是，为保证我们的设置具备一定的科学性，我们在构建自己的集群和中枢的时候，必须具备一些关于知识分类的基础知识，例如可以参考美国国会图书馆的图书分类方法，它是根据杜威十进制图书分类法整理而来的。但仅仅是参考就够了，具体的分类要根据自己从事的工作和领域的特点做出调整，没有人应该完全一样。

你可能已经意识到，分类在第二大脑的建设中非常重要。确实，人类认识世界最基本的方法就是分类，但是，分类只是人类为了学习、记忆而采用的一个暂时的工具。人类的知识其实是一个整体，当我们用一条规则把知识整体分割开来的时候，千万不要把这条线看成是条块的分割线，而要把这条线看作是一条血脉，正是这条血脉的存在，知识之间才彼此联结，知识才得到共同源泉的滋润。随着自己记录的信息条目不断增多，我们自己也在不断地融会贯通，将自己所掌握的知识融为一体，有的时候，我会产生一种感觉，一个信息块可以归到很多个类别里面，甚至哪个类都可以，也就是它已经无须分类了。我认为，当我们产生这种感觉的时候，那是我们思考能力精进的一个表现，因为我们透过第二大脑，已经看到了知识之间千丝万缕的联系，感受到了知识是一个不可分割的整体，这就意味着我们已经获得了某种意义上的成功。

分类是一个伴随第二大脑全生命周期的问题，上面探讨的是知识的分类。下面，我们要换一个角度，讨论如何对我们一生中可能遇到的所有信息进行有效的分类，即信息的分类——我们只有清楚了信息如何分类，才能判断每一条具体的信息应该记录在第二大脑的哪个部位。

5

用四个大类分拣一生所有的信息

凭借第二大脑,我们可以记录所有的想法、过去发生的事情以及未来的计划,还有任何我们看到的有用的资料。简单地说,它应该记录过去、现在和未来。

当第二大脑每产生一则新的信息块时,一写完这个信息块本身,我们马上就要回答一个问题,要把这个信息块放到哪里,即它归属哪个大类,要给它打上什么标签,它最终又会归拢到哪些反射区里去。

从实际使用的角度出发,我把所有需要记录的信息块分成四个大类:

一是关于各个领域的知识；

二是需要完成的项目；

三是日志，即个人日常生活和活动的记录；

四是备忘信息。

关于第一大类"各个领域的知识"很好理解，就是一个专门的分类页面（主题反射区），例如"友谊"，这个页面记录着我对于友谊的想法、思考和各种各样的摘录，每个人都多多少少要面对、思考这个话题，这个页面是需要我长期维护，甚至终生来完善的。

和"各个领域的知识"的长期性相比，"需要完成的项目"是临时的，例如你工作的部门要迎接一次重要的业务检查、一次新闻发布会，或者接待一位重要客户，这些都可以是一个项目，你可以为这些项目建立一个专属的反射区（页面），所有相关的任务、计划、活动都可以放置在这个页面之内，包括视频、图片、声音这些文件都可以归纳在一起，这对项目管理非常方便。当这个项目完成，这个页面也就停止更新了，它就作为历史资料而存在。

第三大类是日志，也就是日记，用来记录一天的生活和活动。如果这一天我们产生了对"友谊"的思考、读书摘录，那我可以直接把这条记录放到"友谊"的反射区。如果这一天我为某个项目准备了一个PPT，那我可以把它放置到该"项目"专属的页面，但有一些和日期紧密相关的记录，或者一时半会难以决定归类的记录，我都会放到日志的区域。

最后一类，即第四大类是那些无法称为知识，只能称为信息的备忘录。这些信息只需要记录，不需要整理，它包含我在工作或生活上不时需要查看的信息，比如，一个密码、一个有用的食谱、一个地址、一个商品的购买链接等，我使用"备忘录"来管理这些信息。你也可以把它理解为大杂烩，我把在其他场合保存不了的信息都保存在这里，甚至包括我的银行卡扫描件。这样如果我需要某些经常使用的信息，我需要做的只是在备忘录的页面里搜索关键词，而不是在整个第二大脑里搜索。

我们还可以从另一个维度来划分大类，我会把第二大脑中所有的信息划分为三大类：

一是信息，即那些不需要任何整理、只需要记录的备忘信息；

二是知识，知识需要整理，是那些经过不断整理的信息；

三是智慧，智慧是那些已经经过深度整理，并和其他的记录深度联结的知识。

你可能已经发现，事实上，以上分类并没有完全遵循统一的标准，这是因为我们一方面要考虑因内容性质不同的分类，另一方面又要考虑为了管理和使用方便的需要而分类，这是两个不同的维度，二者不是并举关系，而是可以搭配和组合。对于内容的分类，每个人的需求不尽相同，我们提倡每个人寻求最适合自己的分类方式，不要拘泥于某种固定的方法。

明确了以上分类的方法，那我们在第二大脑里每一次增加一则信息块时，都要把它归入大类，并打上标签。我的具体方法是，第一优先考虑能不能归到项目中，项目虽然是临时的，但对我们生活的影响却是立竿见影的，我们的生活和工作事实上是以项目为中心的，我们要在生活中获得成功，就要做好项目。只有稳步前进，取得一个又一个有形项目的胜利，我们的生活才会有信心和动力。不管我们的记录有多么规整、多么有条理、多么深刻或者美观，生活最终和行动直接相关，所以项目是最重要的。

在项目的页面，我们要列出与某一个项目相关的所有记录，某种程度上，你可以将项目的页面理解为记录项目所用到的所有资源的索引，就像一张项目地图。例如，你现在看到的这本书，就是我的第二大脑中的一个项目，我有相当一段时间，都围绕这个项目来做我每一天的日志，这本书就是在第二大脑这个平台中完成的。

其次，我也会考虑把这条记录放置到一个反射区，即"领域知识"的页面中去。当然，当一条记录不属于一个项目，我也一时难以确定它属于哪个领域的时候，我就会把它暂时先放在日志（日记）的页面。

最后总结一下，我们要努力做的，是把信息块或文件放在能发挥最大作用、能最快发生作用的地方。

关于第一大类的信息块"各个领域的知识"，全书还会不断提及和阐述。下面我来讲讲如何处理第三大类的信息块，即"日常活动"的日志，也就是日记，以及它怎样与第一大类和第二大类的信息块勾连起来，发挥更大的作用。

6

使用全新的、革命性的日记模式

日记是对一天生活的经历和体悟的记录和总结。我们很多人都会写日记，写日记的人也从日记中发现了很多好处，从中受益。我非常主张写日记，回顾自己 30 多年求学和工作的经历，有一点非常清楚，坚持写日记的时候就是我人生精进、大踏步前进的阶段，一旦停止记录，自己的进步也随之慢了下来。而在现在的第二大脑里，日记的模式已经产生了一个革命性的变化，日记对人生的作用也将提升到一个全新的高度。这一点令我十分兴奋和高兴。

我们可以在"日志"（Journal）页面写日记，这也是这个页面被称为"日志"的原因。我们可以在"日志"页面记录我们日常生活中所有的计划、任务、行程以及活动。

例如，有朋友过生日，需要提醒自己给他准备一份生日礼物，这是一项需要完成的任务，如果今天是 10 月 1 日，可以在页面设置图 2-29 这样的语句：

> LATER 给王希准备生日礼物
> DEADLINE: <2022-10-05 Wed 11:00.+1d>

图2-29　一项需要完成的任务

其中"2022-10-05 Wed"表示截止日期，"+1d"表示每一天系统会提醒一次。2 号、3 号……一直到 6 号，这个任务都会再次出现在当天的日志中，系统会每天提醒一次，直到完成这项任务，在方框处打个钩儿，它在系统内会变成图 2-30 这样：

> ☑ 给王希准备生日礼物

图2-30　任务已完成

因为经常有朋友过生日，我们还可以把这一条记录设为"模板"，只要有朋友过生日，就可以快速调用它，只要把朋友的名字和日期修改一下就好了。

我们还可以对一个任务进行时间追踪，计算完成它所用的时间。个人的任务多了，还可以把任务按照"已经完成""超时""正在进行"3个类别查询出来,放到一个列表,以起到总结或提醒的作用。需要重复的任务(即一段时间内每天都需要做的事),或者到了时间还没有完成的任务,它会更显眼地出现在每天日志的下方,以防当天记录的东西过多而被遗忘和忽略。直到我们将它完成为止,它才会消失,算是一种强提醒。

假设:我为这个月定了一个目标,"体重减轻5千克",那我为这个目标做了哪些相关的努力呢?我每天的计划和任务都可以加上这个目标的标签"#减重",那一个时间阶段内所有的日志页面中计划要做的任务都通过标签关联起来了。事实上,这就已经变成一个项目了,这个项目已经有了一个独立的页面——这就是它成为项目的标志。在这个独立的页面中,可以看到我每天为这个目标制订的计划、做出的努力,以及计划有没有真的落实。我还可以在这些页面里放置和这个目标相关的知识和笔记,方便我快速找到和这个任务相关的背景。到了月底,页面还可以统计我跑了多少次步、一共多少千米等可以加总的数量。这个功能非常强大,目标、任务、行动与知识在这个页面建立了关联。

相比于传统的日记,这无异于把每天的流水记录分门别类地整合起来了。目标不再是孤立静态的东西,而是和相关的行动和知识关联起来了，有了不断更新的、动态的细节支撑。也可以说，第二大脑中这种新的日记模式，把目标管理、任务管理和时间管理成功地融合到了一起，这也是第二大脑日记模式相比于传统日记最大的不同：**可以实现动态的整合和动态的分析。**

例如，2022年10月28日我学习摘录了《NSCA-CPT：美国国家体能协会私人教练认证指南》这本书中有关健身的知识，根据这些知识制订了目标和计划。目标是每周减少体重一千克，连续五周；计划是两天一次有氧体能训练、三天一次抗阻训练、一周一次柔韧性训练，这个计划从10月29日开始执行。这个项目的动态分析页面见图2-31，图2-32。

在第二大脑的日志中，对于日常生活的管理，还有很多动态整合和分析的方式，例如我喜欢给重要的活动加上一个标签："# 重要行程"，那带着这个标签的信息块会自动汇集成一个页面，我在月底、年底可以一目了然、清楚地看到我今年参加了哪些重要的活动，这起到了一个月志、年志的作用。类似的，我还建立了一个"# 重要日期"的标签，它提醒我一年中有哪些具有纪念意义的日子，包括邓小平逝世纪念日、世界读书日、高考、立秋、世界阿尔茨海默病日、母亲节、家庭成员生日、结婚纪念日等。这些记录在积累一年之后，我对如何过日子就一点一点地增加了预见和掌控。

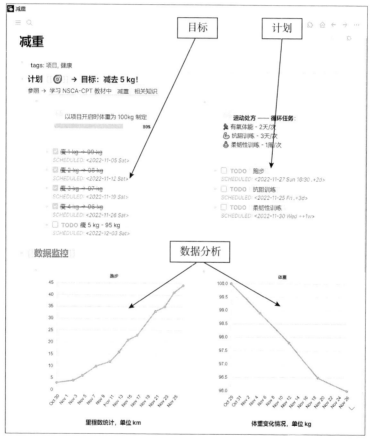

图2-31 融合目标管理、任务管理和时间管理的日志模式（1）

第二章 构建数字记忆体

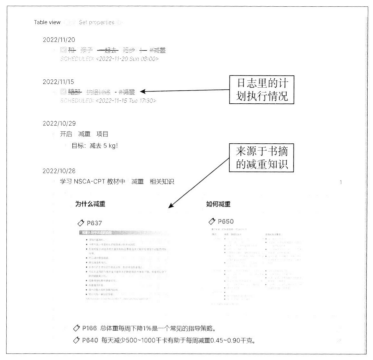

图2-32 融合目标管理、任务管理和时间管理的日志模式（2）

你可以看到，在图2-33中流溪河这条记录中，它不仅有"#重要行程"的标签，还有"#人生""#自然"两个标签，也就是说，上述记录也将同时汇聚于这两个主题反射区，而这两个页面是我设置的领域知识页面。这说明，就像日志的记录和项目的记录（第二大类）可以融合在一起一样，日常生活的记录也可以和各个领域知识（第一大类）的记录合成一体。这种动态的链接和整合能力是传统的日记无法想象和企及的。

> **May 18th, 2022**
> - "大湾区科技之光"青少年公开课的参观和准备:
>   - 阿果,因为我明天不能陪同孩子们去现场参观,我谈几个引导孩子们观察的角度,供带队老师参考,以启发孩子们的思考。
>
>   1. 观察流水线和传送带。大规模生产即起源于流水线和传送带的发明,它源于福特的汽车工厂。工人站在传送带前面,在传送带前面工作,这是一个革命性的变化,这和以前的差别是很小的,以前是让工人从一台汽车走向另外一台汽车,而现在是把汽车从一个工序运到另一个工序的面前,当时一些人甚至认为福特在这个微不足道的小改变上,投入过多的热情是浪费时间,但这种小调整后来证明带来了的巨大便利,后来经过科学家企业家的总结,才为人们所知。今天的流水线走向自动化,无人工厂又是一大革命性的变化,这是怎样实现的?
>   2. 观察工序。任何一件产品的生产都有步骤和工序,这是经过专家科学的设计和分隔的。启发孩子思考从无到有的次序,每个工序完成了什么。今天的流水线从大规模制造走向个性化制造,又是怎样实现的呢?
>   3. 观察机械臂。这是自动化的象征之一。它是怎样实现的? 现在的机械臂和 20 年前不同,比如说有机器视觉(即人工智能)的成分。除了机械臂,还有无人搬运车(Automated Guided Vehicle,AGV)。
>   4. 思考数据在流水线上的作用。流水线上有哪些设备和装置在收集数据? 数据是怎样传递的? 很多时候,它在云端传递,人们看不见。但它是个性化制造的核心。
>
>   #重要行程

图2-33 重要行程的标签(1)

Sep 20th, 2021

- 今天我们一家来到了流溪河的源头从化吕田镇桂峰山。流溪河长达150多千米，最宽处有几十米，也有人称之为广州的母亲河，我们看见的就是一股小小的山泉，很难相信这一细流，竟然滋养了一条大河，这是因为它久久为功、日夜不断。流溪河一路汇集了众多的溪流，这令我联想到我们的人生，源于幼稚，但不断地接纳细流，有的时候是向一本书学习，有的时候是向一个人学习，集腋成裘，不因其小而拒之，终成其大。流溪河最后汇入珠江、流向海洋，复归雾露。不管它流了多远，最终又归于无我。流溪河，河如其名。人生就应该像流溪河，不断纳细流。#人生 #自然 #重要行程

  - 回家路上我们看到了宽阔的流溪河，回忆那一源头山泉，我尤其相信人生必须久久为功。问河哪得宽如许，为有桂峰活水来。万山不许一溪奔，拦得溪声日夜喧。到得前头山脚近，堂堂流水出前村。

  - 一山能折百溪澄，不闻水流韵自沈。奈何山影渐远去，回回赏月是山村！步韵和诗一首，建华于美林湖畔。

图2-33 重要行程的标签（2）

因为连续的记录和动态的整合，我们就可以对自己的行为进行不断的动态分析。你的人生目标、时间管理的成效、财务预算、体育锻炼、健康状况，都可以用提前预设的进度表来追踪。你可以对自己的数字记录进行排序筛选，发现你潜在的生活模式，通过类似的分析，你会发现自我的洞察力大大增强。

在传统的日记本上记日记，我们可以做的分析是非常

有限的，但在第二大脑里，我们可以做大量的量化分析，就像旋转魔方一样容易，通过这些动态分析获得更多的自我进步。自我进步是指不依靠外部力量，通过自我洞察、分析、行动调整而获得的进步，第二大脑帮助自我进步已经有很多案例，它是一个更大的运动"自我追踪和量化"（Self Tracking & Quantified）的一部分。就这个意义而言，第二大脑就像一位我们最亲密的老师和教授，只要我们愿意向他咨询，他就会为我们做出分析，我们就可能从中获得自我洞察和自我进步。

例如，我可以用第二大脑统计过去一个月或一年中我进行了多少次体育锻炼。我的运动形式主要有网球、跑步、快走和体操，这些数据不仅能分类、加总，还能以图表的形式展现出来，通过发现每个月运动次数的变化和夏季和冬季运动量的变化等，我可以分析背后的原因和结果。如果你的数据量够大，你还可以和10年前、20年前，甚至30年前做对比，例如等你将来60岁的时候，还可以和三四十岁的运动记录进行对比。如果单凭我们的生物大脑和感觉，这些各种各样、庞大复杂的分析是没有办法完成的，而第二大脑却能通过图表对比、分类排序、交叉分析等各种手段，将隐藏在背后的相关性都找出来。例如，有人从自己每天的步数发现自己走路一多，某个病症就会出现；有人把情绪数据和睡眠数据放到一起，发现心情不好的日子常常前一晚睡眠不好；还有人追踪自己的食谱，发现自己的病症和某种食物有关系。

首先，我建议在第二大脑的日志中要进行动态分析的是我们怎样使用时间。这也是我职业生涯中最经常使用、最受益的自我分析和洞察。一个人一辈子最大的财富不是金钱，而是时间。这方面我受益于苏联学者亚历山大·柳比歇夫（Alexander Lyubishchev，1890—1972）的著作《奇特的一生》，这本书详细地介绍了柳比歇夫独创的"时间统计法"。柳比歇夫记录自己做每件事情所花费的时间，包括读书、看报、散步、聊天、工作等，他在记录完成之后，会每周、每月、每年进行统计、总结和分析，以此提高自己对时间的利用效率、调整未来的计划、改进工作方法。因为他坚持践行这个方法50多年，他拥有比普通人高很多的工作效率。据统计，柳比歇夫一生共发表70多本著作，总共12 500页之多，涉及农业、遗传学、生物学、科技史、哲学等领域。即使以专业作家而论，这也是非常了不起的成就。柳比歇夫用了很多时间和精力来管理、统计自己的时间，今天利用第二大脑，我们也可以轻松实现他总结的方法、倡导的理念。

以上，我们讨论了建设第二大脑的第一步，如何通过记录构建一个记忆体，这只是第二大脑的基础。一个记忆体就相当于一个存储器，如果我们想要发挥第二大脑的全部力量，第二大脑就必须超越存储器。

要超越存储器，那全部的记录不仅要井井有条，可以随时访问和快速查阅，还要彼此连接，关键是形成一个网状立体的结构。如果我们的第二大脑拥有一个清晰、准确、有序的网状立体结构，它就可以辅助我们进行系统化的思考，甚至自动思考，提示我们创新的方向，产生我们以前不曾有过、别人也不曾有过的新想法，同时帮助我们梳理、组织、明晰我们的价值观，建立自己的价值体系，成就自我。这就要求我们在记录每一个信息块的时候，要详细阐述其中的关键点，让信息块之间彼此发生有价值、有意义的连接。下一章我们就要聚焦这样的讨论。

第三章

创建高级的思考特质

创新是现代人最本质的特征,
也是我们对脑机协作最大的期待。

1

构建网状立体的结构

这一章,我们聚集讨论第二大脑一个更高阶的功能:思考和创新。我们前面讨论过,记忆记录的是大脑对于外界信息产生的印象;而思考呢?思考是要处理这个印象,梳理这个印象和其他印象之间的关系。

事实上,记忆是一回事儿,思考是另外一回事儿,记忆和思考这两种活动,甚至代表着两个几乎相反的方向。一个是由外至内,人通过感官从外界接受纷繁复杂的感觉,成为印象。去记忆,就是去保护闯入我们大脑的某种东西,让它不变,让它留存;而思考则是由内向外,它从统一的自我出发,对原初的印象进行梳理,它不能仅仅依赖最初的印象和外界的信息,而是要通过自己的分析和判断,让印象在思维中重构,给它赋予新的次序,最终让它成为自己知识体系或者网状结构中的一部分。

但我们的第一大脑在绝大多数情况下,会满足于获得印象,拒绝思考。第一大脑好像与生俱来就拥有一个错觉:认为凡事只要我们拥有了印象——只要我们记得,就认为"我们懂了",甚至是"我们理解了""我们掌握了"。事实上,从"印象"到"认识、理解和掌握"的道路是非常遥远的,也是非常崎岖的,而许多人不过是这里走走、那里看看的漫游者。因为懒散、软弱、没有毅力,永远停留在"印象"附近,无法抵达真正的"认识和掌握"。

思考的目的是去认知、去理解、去掌握事物的本质。德国哲学家卡尔·马克思(Karl Marx,1818—1883)甚至认为,事物的本质,就等于它和其他事物关系的总和。所以只要掌握了它和其他事物的关系,就能掌握事物的本质。

那我们的第二大脑应该如何开启思考之旅呢?

每当我们产生一个新的想法,在第二大脑中添加一个新的信息块的时候,我们要意识到,我们是把这个块放置到一个网络中。这个新的块不能是孤立的,它必须和这个网络中的其他节点发生联系,从而构造一个新的网状结构，支撑起一个新的立体空间。这个网状结构和立体空间才是第二大脑的价值所在。

我们前面谈到，信息块是通过标签来发生连接和联系的，标签就是第二大脑神经元的突触，它像一个钩子一样，链接起其他信息块，具有同一个标签的信息块将自动归类汇聚，形成一个反射区（即页面）。要构造网状立体的结构，就是要在多个维度上给第二大脑的每一个神经元定义标签，当关联的关系足够多，网状结构就会产生。我主张给每个信息块都打上 3 个左右的标签，因为两点成线，三点成面，四点就能构建一个立体空间，用立体结构来组织信息和关系，远比用平面的线性结构、轮廓结构更加有效。

那怎样在多个维度上定义标签呢？我们从例子说起。下面这段话是我在 2021 年 9 月阅读《技术哲学导论》这本书时做的一条摘录笔记，我把这条笔记放在 Logseq 的日志里，当你读完它就会发现它把事情讲得很清楚，即主题观点很鲜明，那我们是不是可以给这则信息块打上 3 个标签："# 人性""# 异化""# 技术"（见图 3-1）。

> 在海德格尔看来，人也是一种工具，其目的是生产，但他生产的对象并不是一个外在的东西，而是自己，它指向自我实现。一般人在大多数情况下都是"常人"，即随波逐流的工具人，他并没有真正关切自我实现的需要，他关切的是如何满足他人的要求和匹配社会的需要，另一方面，技术作为人的延伸或镜像，在某种意义上也是有人性的，除了作为被动的工具之外，可能也具有某种意义上的自主性。一种冲突和矛盾于是出现了。这就是异化。#人性 #异化 #技术

图3-1 从信息内容中选用关键词作为标签

你也很容易发现，这3个词都已经包括在文本中。但我现在要告诉你，这3个标签，在某种程度上都是多余的，或者说其意义不大。为什么呢？这是因为今天的搜索引擎功能已经非常强大，可以对全部块做全文搜索，只要包含特定字符的块，都可以一一定位。假设我们没有给这个块打上"#人性"的标签，如果我们在所有块中搜索"人性"这个词汇，仍然可以找到这个块。事实上，不知道你还记得吗，即使不打"#人性"这个标签，这个信息块也会出现在"人性"这个反射区，但它出现的部位是第三区域，即这个反射区的无链接引用区域（Unlinked Reference）。

这启发我们，如果我们采用一个块中已经出现的词作为标签，其意义将是有限的，因为我们通过关键词搜索就可以直接检索到。那我们是不是应该选择一个块信息中没

有出现的词做标签呢？那样做会不会更加有效？这个词又从何而来呢？

这就需要我们在新的维度上去思考和定义标签。一般来说，我们习惯于使用和信息内容直接相关的词语作为标签，但事实上，除了与信息内容直接相关的标签，还可以有其他类别的标签，可以和信息的内容无关。例如，可以有场景标签、思维模式标签、修辞标签等，我想强调的是，我们定义标签的时候固然要首先考虑信息的内容，但和内容不相关的标签也同等重要，我们要避免厚此薄彼。

（1）场景标签：即想象一下这则信息未来可能会在何种场景下被使用，用场景的关键词来定义标签。常见的场景有：地点、事由、时间、重要程度、完成情况、责任人、截止日期等等。例如，一段话、一张图片、一段视频，我未来可能用到PPT中去，我就打上"#PPT"的标签。这是因为我经常要给邀请方做讲演和报告，需要不断为PPT收集准备素材。这个标签就是一个提示，提示这个信息块是PPT素材。

（2）思维模式标签。这是我最重要的一类标签，也是我建议你必须要有的一种标签。一个真正的聪明人并不是什么都知道,而是通过模型扩展来认识和理解新的事物。有一些理论或模型有非常广泛的应用空间,所以我们要为第二大脑构建一个思维模型的工具箱,之所以说是"箱",是不能局限于一个思维模式,要有多个为好。在我的第二大脑中,有"平衡""对比""连续""能动""悖论"等标签,都和思维模式有关。例如"连续",它表明的是所有的事情发展过程都是渐进的,很难确定质变的临界点(见图 3-2)。

(3)修辞标签。如果这个块中使用了修辞,而且修辞手法成为它的重要闪光点,那我会给它加上一个关于修辞手法的标签,例如比喻、夸张、双关、象征、模糊(模棱两可)等,之所以做出这样的标签,是因为修辞在我们日常生活中有非常重大的作用。我们说话、写作、和他人谈心、试图说服他人都离不开修辞手法。

(4)其他个性化的标签。例如我认识到,孩子们不喜欢听大人讲道理,但他们非常欢迎故事,好的家庭教育必须在餐桌上穿插一些故事,所以我特别注意收集有情节、有意义的故事。在我的标签体系里就有"#神话""#故事""#寓言"这 3 个标签。

> **连续**
>
> - 我们常常说一句话，从量变到质变，量变是逐渐的渐进的，质变是跳跃的。我们可以说从 A 点到 B 点产生了质变，在 A 点和 B 点之间是一个量变的过程，但是我们很难确定具体在哪个点上产生了质变。这个道理就好像我们人类经过了数百万年的进化，从猿到人，但事实上我们没有办法确认到底是哪一代发生了质变，她妈妈是一个猿，而她女儿就是一个人。#进化
>
>   - 所以我们自己身上的变化，需要量变的累积，一定是个渐变的过程，很难找出一个点，说你刚刚成功地完成了某种改变。植物开花、果树结果都是这个道理。#自知
>
> - 古希腊也有个传说，为了纪念杀死怪兽的英雄忒修斯（Theseus），人们保留了他出征的船。久而久之，为了保持船只完好，船上的木板一块块都被替换过了，终于有一天，有人问了，这艘船还是忒修斯之船吗？如果是，它已经没有任何一块最初的木头了；如果不是，那从什么时候开始不是的？如果用忒修斯之船上取下来的老部件再造一艘新船，两艘船中哪艘才算得上是真正的忒修斯之船？#智慧
>
> - 东晋有位和尚，叫僧肇，他在《物不迁论》中说道："梵志出家，白首而归。邻人见曰：'昔人尚存乎？'梵志曰：'吾犹昔人，非昔人也'。"我是梵志，但我已经不是过去的梵志。按僧肇的观点，我和过去的我不是同一个人。#自知
>
>   - 科学回答"我"的问题依然任重而道远。难怪三拳铲除黑恶势力镇关西的鲁提辖，忽然想明白了其中的道理就弃红尘而去了，留下一个著名的偈语："平生不修善果，只爱杀人放火。忽地顿开金绳，这里扯断玉锁。咦！钱塘江上潮信来，今日方知我是我。"

图3-2 思维模式标签"#连续"

总的来说，我设置场景式、思维模式、修辞手法等非内容标签都是为了实用，这也是建设第二大脑的基本目标：以用为先，所有的工作都是为了未来的使用。你的头脑里必须一直要有这个指导思想，你在为记忆体添加任何新的信息块的时候，就要想如何方便自己未来去使用它。信息只有在投入使用时才会成为力量，否则就是摆设，最后的命运就是被遗忘。很多人热爱学习，兢兢业业不断地为自己收集信息，但收集来的很多信息却很少使用，甚至从来不用，这是建博物馆，不是建第二大脑。

面对一个具体的信息块，我们怎样给它确定标签呢？或者说，我们怎么构建它和其他块之间的网状立体结构呢？首先，我们要对内容型标签和非内容型标签两种标签并重，其次是要关注细节，从信息块的细节中发掘它和其他信息块之间的联结。下面我们来看两个例子：

第一个例子，有一天我发现：在英语中指代不同的动物群有不同的量词。例如一群狼用的是"pack"：a pack of wolves；一群狮子是 a pride of lions；一群大象是 a parade of elephants；一群斑马是 a zeal of zebras；一群鹿是 a herd of deer；一群羊是 a flock of sheep；一群乌鸦是 a murder of crows；一群鱼是 a school of fish；等等，而在中文中，

这些不同的量词 pack, flock, murder, school 等只有一个字和它们相对应,就是"群"。

我们应该怎样处理这则信息呢?首先这是一个语言现象,这个现象可以归纳为一句话:在英语中,表示一群动物时,不同的动物有不同的量词。我首先想到我小时候刚刚启蒙学英语的时候,发现在英文中指代男孩和女孩、男人和女人有不同的词:boy, girl, man, woman, he, she。我意识到:相对于汉语,英语单词的区分度可能更高,就语言而言,区分度高就意味着更加精确。那我们能不能在第二大脑里写下这样一则信息块:

在英语中,表示一群动物时,不同的动物有不同的量词。这可能代表英文比中文精确。

不行!这是一个由现象归纳而得出的结论,一般来说,我们倾向于记住结论,会认为结论比"现象"还重要,其实不是!想象一下,过一两个月之后,当你再看到这句话,你可能就会觉得困惑,这些动物指的是什么动物,是哺乳动物还是爬行动物?包不包括蚂蚁、鱼还有细菌呢?记录一定要记录细节和前提,而不是结论。结论甚至都可以不记，但细节和前提却不可以不记。这是因为，结论总是建立在知晓细节的基础之上的，如果我们掌握了细节，那从细节可以推导出结论。但如果我们只是知道一个结论，而不知道这个结论是怎么来的，或者不知道基本的逻辑，那就等同于不知道这个结论。

而当我们记下细节，就会从细节中联想起更多的内容，甚至为此创造新的任务去搜寻更多的内容。例如，从细节中我们还可以思考为什么指代斑马时用的量词是"zeal"，这是因为"zeal"的本意是热情，斑马在西方的文化中具备热情的意象；而乌鸦用的是"murder"，因为乌鸦常常代表凶兆，和谋杀有关；而指代狮子的量词代表自尊（pride）；大象使用了代表次序和雄壮的量词"parade"等，这其实都是暗喻，通过不同量词的暗喻，达到了更加生动形象的目的。

如果就这则信息的内容而言，我首先要定义的标签可能是"量词"，但我不是语言专家，这不是我关注的重点。在我的第二大脑里，我确实有一个"语言"的反射区，我会在语言的反射区里写下这则信息块，先依次记录英语中表示动物群的这些不同量词的用法，然后解释背后的原因，最后再写下我思考的结论，然后再给它打上标签。根据以上的分析，我最后给它打上了"# 中西""# 精确""比喻"3个标签（我长期关注中西文化传统的交流和对比，所以专门设置了"# 中西"这个页面和标签，见图3-3）。

> **语言**
>
> - 在英语中指代不同的动物"群"有不同的量词。例如一群狼用的是"pack"：a pack of wolves；一群狮子是：a pride of lions；一群大象是：a parade of elephants；一群斑马是：a zeal of zebras；一群鹿是：a herd of deer；一群羊是：a flock of sheep；一群乌鸦是：a murder of crows，一群鱼是：a school of fish；等等，而在中文中，这些不同的量词：pack, flock, murder, school 等只有一个字相对应，都是："群"。# 中西 # 精确 # 比喻
>
> - 指代斑马时用的量词是"zeal"，这是因为"zeal"的本意是热情，班马在西方的文化当中具备热情的意象；而乌鸦用的是"murder"，因为乌鸦常常代表凶兆，和谋杀有关；而指代狮子的量词代表自尊（pride），大象使用了代表次序和雄壮的量词"parade"等，这其实是暗喻，通过不同量词的暗喻，达到了更加生动形象的目的。
>
> - 在英语中，表示一群动物时，不同的动物有不同的量词，相对于汉语，英语单词的区分度更高，例如在英文当中指代男孩和女孩、男人和女人有不同的词：boy, girl, man, woman, he, she，就语言而言，区分度高就意味着更加精确。

图3-3 信息块的记录

我想强调的是：我们的目标是要为一个信息块创造精准的、多维的联结，这种联结不仅仅是内容的，还可以是

思维方式的、修辞手法的,如果把联结仅仅局限于内容,那就很难做到多维。只要我们关注细节、研究细节,我们就能洞察出更多的联结。

我们来看第二个例子:

"平生不修善果,只爱杀人放火。忽地顿开金绳,这里扯断玉锁。咦!钱塘江上潮信来,今日方知我是我。"——摘自《水浒传·第119回》。鲁智深在浙江六和寺中坐化后留下一偈子。重读《水浒传》对这句话印象深刻。

看到这段信息我首先想到的是,人要认识自己是非常困难的。作者在这里讲了其中一个原因,人们为金绳玉锁代表的富贵荣华所束缚,看不到自己的真实所在。所以我首先根据其内容,把这则记录放置到"#自我"这个主题反射区。

其次,中国佛家的偈子有鲜明的特色。我在自己的第二大脑中设置过"禅/宗教"(这是一个分层标签,即"#禅"是"#宗教"的子标签)的主题反射区,有一个块专门对"什么是偈子"进行了介绍。我决定把这个介绍偈子的块链接到现在这个新块中。

再次,善良的行为像果实一样,是一点点儿慢慢长大的,今天看和昨天看没区别。而杀人放火、毁灭财物,为罪大恶极之行为,一目了然。头脑顿开属被动,一把扯断是主动;钱塘江潮又急又快,和今日方知之"慢";这些现象之间都存在对比。人们无论是看风景,还是看文字,都喜欢有悬殊的对比,所以我又给它打上了"# 对比"的标签。

最后,钱塘江大潮是中国一大自然奇观,中国多有诗文描述其壮观,我在杭州生活过 4 年,也亲眼看过,这是我人生的一个有趣和宝贵的经历。所以我又为这个块打上一个"# 自然"的标签。现在它是图 3-4 这个样子:

自我

- "平生不修善果,只爱杀人放火。忽地顿开金绳,这里扯断玉锁。咦!钱塘江上潮信来,今日方知我是我。"摘自《水浒传·第 119 回》,鲁智深在浙江六和寺中坐化后留下一偈子。重读《水浒传》对这句话印象深刻。# 禅/宗教 # 自然 # 对比

  - 认识自我是非常难的。金绳玉锁代表富贵荣华,众生为其所缚,这顿开与扯断,正是一种破坏性的超脱。
  - 关于偈子的介绍 ◀────────── 跳转链接
  - 善果:像果实一样一点点慢慢长大,今天看和昨天看没区别。杀人放火,杀害人命、毁灭财物,为罪大恶极之行为,一目了然。顿开;是被动、扯断,是主动;钱塘江潮:快,暗中指快、大,和今日方知之慢产生对比。人看风景、文字,都喜欢有悬殊的对比。

图3-4 精准的、多维的信息块联结

> **禅/宗教**
> - 偈子：佛家讲究"悟"。在佛家的修行里，如果有几句话可以对你的人生产生醍醐灌顶的作用，帮助你开悟，即认识上一个层次，我们就叫它偈子。#智慧
>   - 关于偈子最有名的故事是：五祖宏忍令诸僧各出一偈，上座神秀说道："身是菩提树，心如明镜台。时时勤拂拭，莫使有尘埃。"五祖评价上座神秀的偈子"美则美矣，了则未了"。六祖惠能听了念一偈曰："菩提本非树，明镜亦非台。本来无一物，何处染尘埃？"从而获得五祖的衣钵传承。

图3-5　跳转链接所指示的信息块

请注意到，这个地方"关于偈子的介绍"带有下划线，它是一个链接，一点击将会跳转到图 3-5 所示的信息块。当你想引用其他信息的时候，什么时候用嵌入、什么时候用链接呢？我的标准是视引用块和本信息块关系的远近，如果非常相关，则嵌入，因为嵌入的信息块你可以直接修改；如果仅仅是背景，则用链接，只要方便查看就行。但一个重要的原则是，我们在为第二大脑录入新的信息块的时候，要尽量把具有强关联关系的块放到一起。

"#自我""#禅/宗教""#对比"和"#自然"，这是 4 个完全不同的维度，打上这 4 个标签，我们就为这个信息块在第二大脑的空间中创造了一个网状立体的结构，这

也意味着我们在第二大脑中对这个信息块进行了 4 次处理和转换。当我们学习的过程涉及理解和转化的操作越多，学习的有效性和强度就越大，我们对这条信息的记忆就会越牢固、理解就会越深刻。

2

洞察、发现新的联系

为一个神经元定义标签的过程，是人为构建网状立体结构的过程。任何一个新的神经元、新的想法，都有其新意所在，但它肯定不是全新的想法。孙悟空从石头里蹦出来了，没有任何亲戚，那是神话。任何一个想法，都像人一样，会有它的父母兄弟、堂兄堂姐、表哥表妹，我们为它定义标签，就好像在寻找、确认这种血缘关系，在确认之后，一个新的网状立体结构就自然形成了。

但这个结构到底构建得好不好、符不符合实际，我们并不知道。

可以肯定的是，在很多时候，我们会遗失一些关系。因为当神经元太多，关系可能变得非常繁复，而我们的第一大脑就洞察不到，或者处理不过来。有个著名的六度空间理论（Six Degrees of Separation），它说的是：这个世界是个网络，很多人拥有共同的关系，所以你和任何一个陌生人之间所间隔的人不会超过 6 个，也就是说，最多通过 6 个中间人你就能够认识任何一个陌生人。例如，你不认识美国的现任总统拜登，但你只要通过不到 6 个人的中间关系，就可以认识他。

问题是这 6 个人是谁？我们要把他们找出来才能真正认识拜登，问题才能真正解决。我们的第一大脑当然很难计算出来，但第二大脑就能在这个问题上有所作为。第二大脑提供了一个叫"图谱"的工具来帮助我们洞察事物之间潜在的联系。你将会看到，这个功能是我们的生物大脑无法完成的。

如图 3-6 所示，在 Logseq 里，所有的主题反射区（页面），都可以通过"图谱"的功能自动生成相互链接的图谱，选择一个"节点"就可以高亮显示所有与它链接的反射区，我们可以选择任意一个节点，并通过"图谱"来显示和这个节点有链接关系的其他节点。所谓的"节点"，是在图谱中的叫法，节点在第一大脑中就是反射区，在第二大脑中它就叫页面，所以，它们就是同一个东西：

页面＝主题反射区＝节点

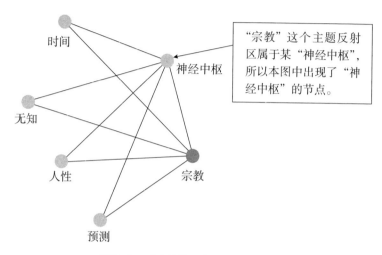

图3-6 "宗教"反射区的页面图谱

说明：Logseq的知识图谱还不太完善，我理想中的知识图谱，一点击两个页面之间的连线就应该能跳到它们关联的块。两个页面之间连接线条的粗细也可以表示关联关系的强弱。

相信你会和我有同感，图谱看着非常的爽，特别是全局图谱，它以直观的方式展示了所有关系，相信你现在已经意识到，如果没有精心雕琢的标签体系和双链关系，图谱的作用将会相当有限，很难起到什么实质性的作用。反之，如果你拥有精心打造的标签体系，那图谱会非常强大，发挥难以想象的作用。虽然我的第二大脑还在建设中，这里只能谈及一些有限的经验，但我已经通过一些实例体会到了图谱令人惊讶和意外的力量，我深信随着信息块的增多和标签体系的丰富完善，图谱还将发挥难以限量的巨大作用。

图 3-6 这个图谱并不复杂，它表明，黑色的宗教反射区和"预测""人性""无知""时间"这几个主题反射区都有联系，当然，这些联系是因为构成这些页面的神经元之间有关系而造成的。"宗教"和"预测"有联系，因为我可以想象，很多宗教都宣称它们可以预测未来；"宗教"和"人性"有联系，我也可以想象，信仰是人最根本的精神需要；"宗教"和"无知"有联系，我也还可以想象，很多人因为无知才盲目信仰宗教。但是，"宗教"和"时间"这两个反射区之间会有什么联系呢？当我看着这张图谱的时候，我真的想象不出来！

我的第一大脑也没有办法回忆起我在完善这两个反射区的过程中，究竟在它们的神经元之间定义了什么样人为的关系？

但我可以在第二大脑中追踪查看这个关系是怎么产生的，并完成这个追踪之后，我恍然大悟，这条关系的产生是源于图 3-7 中的信息块，这个信息块对何为"永恒"进行了阐述，几乎所有的宗教，都要回答"什么是永恒"这个问题，而永恒本质上又是一个时间问题，所以两者有关联。

> **宗教**
>
> - 你们常常看到过海边的沙滩，那沙粒是多么的细呀，要多少这样细小的沙粒才能聚成孩子们在沙滩玩耍时抓在手里的一把沙子呢？现在你们想想，用那种沙粒堆成的高山，它有100万英里高，从地面直耸入云霄，有100万英里长，一直延伸到遥远的地方，而且有100万英里那么宽。再想想，这个由无数细小的沙堆成的无比巨大的山峰，还像树林里的树叶，大海里的水滴，鸟身上的羽毛，鱼身上的鳞甲、动物身上的毛发，无限的空气中的原子一样不停的成倍增长着。还要想一想，每隔100万年将有一只小鸟飞到这里，用它的嘴衔走山上的几粒沙粒，那将要经过多少个百万个世纪，那只小鸟才能把那座山衔走，哪怕是一立方英尺那么一块地方呢？要多少年、多少世纪才能把整座山衔走呢？然而在我们刚才所说的这个无限长的时间结束以后，对永恒来讲，确实连一分钟也不曾减少，在那无数亿万年、无数兆万年之后，永恒几乎还没开始，而如果那座山在完全被衔走之后又重新生长出来，如果那鸟又来一粒一粒地把它全部衔走，而它又长了出来，如果这座山这样一涨一落经过的次数，像天上的星星，空气里的原子，大海里的水滴，树林里的树叶，鸟身上的羽毛，鱼身上的鳞，兽身上的毛发一样多，而在这无比巨大的高山经过无数次的生长和消灭之后，永恒也仍然不能说已经减少了一分钟，甚至在那时候，在那么一段时间之后，再经过我们想一想就会头昏眼花的无数亿万年的时间之后，永恒几乎还没有开始 #时间
>   - 不管现在过去了多久，几千几万几亿年，未来的时间一点一分钟都没减少，这就是永恒。

图3-7 关联"宗教"和"时间"的一个神经元

以上通过图谱的这个发现让我对"宗教"和"时间"这两个概念都加深了认识。我常常在一个主题反射区（页面）接近于丰满、完善的时候，调看其页面的图谱，类似

这样的发现让我对一个反射区和其他反射区的关系加深了认识，加快了一个反射区成熟的过程。

现在，我们来看图谱带来的一些更有意思、更细致、更隐秘的发现。例如，图3-9是我用图形分析（Graph Analysis）的 Adamic Adar 算法做出的图谱分析。你看到灰色的圆点"孤独"是一个主题反射区，这个截图以"孤独"为中心节点，计算了其他节点与其的相关度；黑色的大节点拥有较高的相关度，在节点旁边有个数值，数值越大说明二者越有可能相关，0则表示无任何关联。

在进一步探索之前，我们有必要简单了解一下这个相关度计算背后的 Adamic Adar 算法，它的公式是：

> 1. History and explanation
>
> The Adamic Adar algorithn was introduced in 2003 by Lada Adamic and Eytan Adar to predict links in a social network ↗.
> It is computed using the following formula:
>
> $$A(x,y) = \sum_{u \in N(x) \cap N(y)} \frac{1}{\log|N(u)|}$$
>
> where N(*u*) is the set of nodes adjacent to u.
>
> A value of 0 indicates that two nodes are not close, while higher values indicate nodes are closer.
>
> The library contains a function to calculate closeness between two nodes.

图3-8　Adamic Adar算法公式

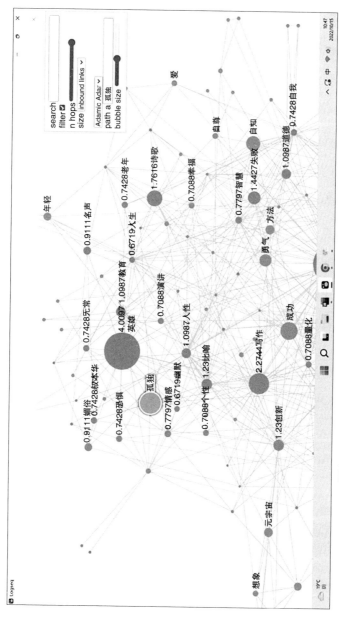

图3-9 用Graph Analysis的Adamic Adar算法做出的图谱分析

如果把两个节点比作两个人,以上算法的原理用通俗易懂的话解释就是:

(1)如果甲、乙两个人的共同朋友越多,则这两个人的关系就越密切。

(2)如果甲、乙两个人的共同朋友丙、丁交友很谨慎(链接的人少),那甲、乙两个人的关系就可能更密切,因为他们的中间人很可靠。

其中,"共同"对应求和变量中的"交集∩";谨慎程度用 $1/\log(N(u))$ 表示;$N(u)$ 越小,说明 u 这个人交友越谨慎,进而 $1/\log(N(u))$ 越大,反映的是 x 和 y 关系更密切。关于这个算法,我们现在了解这么多就行了。

如下表所示,我们可以看到,得分最高的节点是"英雄"(4.0097),其次是"写作"(2.2744),接下来是"诗歌"(1.7616)和"失败"(1.4427),然后是"创新"和"比喻"并列(均为 1.23)。这表明的是,在"孤独—英雄""孤独—写作""孤独—诗歌"等 7 对关系中,"孤独"和"英雄"这组关系最为密切。如果把"孤独"和"英雄"视为两个人,那他们的共同朋友最多,而且他们和共同朋友的关系也很牢靠，表现为得分最高：4.0097。

表3-1 不同关联词的Adamic Adar算法得分

关联词	Adamic Adar 算法得分
孤独—英雄	4.0097
孤独—写作	2.2744
孤独—诗歌	1.7616
孤独—失败	1.4427
孤独—创新	1.23
孤独—比喻	1.23
孤独—叔本华	0.7428

我们可以先用常识来理解以上相关度的数值，最高的节点是"英雄"，这是符合逻辑的，因为英雄常常不为身边的人所理解，所以孤独；写作是一个人的长期艰难跋涉，反复曲折的过程无人陪伴，当然也孤独；孤独是"诗歌"的重要主题，被历代诗人咏唱；一个人"失败"了，他就会被蔑视，无人问津当然孤独，这都可以理解，但"孤独"和"创新"之间的关系是什么？为什么它的得分与"孤独"和"比喻"一样高？它们之间是否隐藏了某种潜在的关系，这个表的这组数据启发了我的兴趣和思考。

现在我再用 Graph Analysis 的 Cocitation 算法做一个分析，得到图 3-10 的结果：

第三章 创建高级的思考特质

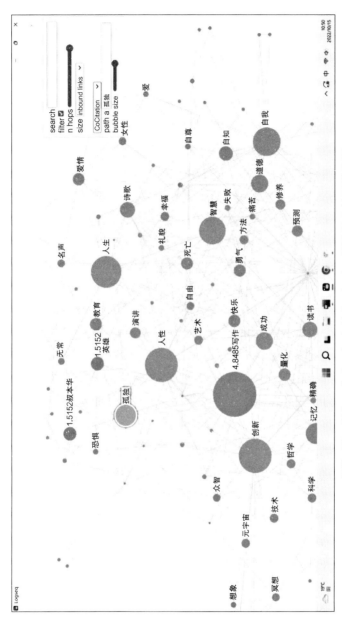

图3-10 用Graph Analysis的Cocitation算法做出的图谱分析

在进一步探索之前，我们还要了解一下 Cocitation 和 Adamic Adar 算法的区别。顾名思义，Cocitation 是共同引用的意思，如果再把两个节点比作两个人，那 Adamic Adar 关心的是这两个人有没有、有多少共同的朋友。但两个人之间发生了什么事情，Adamic Adar 并不关心，而 Cocitation 关心的是两人之间发生的事情。再打个比方，如果一个私人侦探调查两个人的商业关系，Adamic Adar 关心的是他们有没有共同的合作伙伴，而 Cocitation 关心的是：两个人同时出席在同一个场合的次数——即同时引用。

为了方便比较，我们下面把 Adamic Adar 和 Cocitation 两个算法分析的值放到同一个表格里面（见表 3-2），我们最早发现的意外得到了确认，"孤独—创新"确实存在共同的关系，但从来没有同时出现过；除此之外，我们竟然又发现了第二个意外！那就是"孤独—失败"的共同关系是我们可以通过常识推断的，它们的关系得分甚至比"孤独—创新"还要高，但它们在我的第二大脑里也从来没有共同出现过！当然，我们还发现，"孤独—诗歌"也是这样，但"孤独—诗歌"之所以这样，我很快就可以解释，因为虽然很多诗歌的主题是孤独，但诗歌强调的意象，"孤独"这两个字不出现是完全可以理解的。

表3-2 不同关联词的Adamic Adar算法和Cocitation算法得分对比

关联词	Adamic Adar 算法得分	Cocitation 算法得分
孤独—英雄	4.0097	1.5152
孤独—写作	2.2744	4.8485
孤独—诗歌	1.7616	0
孤独—失败	1.4427	0
孤独—创新	1.23	0
孤独—比喻	1.23	0.303
孤独—叔本华	0.7428	1.5152

现在我们把所有数据放到一个表格中对比，并且列出相应的观察和解释（见表3-3）：

表3-3 不同关联词的Adamic Adar算法和Cocitation算法得分及解释

关联词	Adamic Adar	Cocitation	相关解释
孤独—英雄	4.0097	1.5152	共同的关系最多，但文本字符共同出现的次数不是最多
孤独—写作	2.2744	4.8485	文本字符共同出现的次数最多，但共同的关系不是最多
孤独—诗歌	1.7616	0	存在共同的关系，但文本字符共同出现的次数为零
孤独—失败	1.4427	0	存在共同的关系，但文本字符共同出现的次数为零
孤独—创新	1.23	0	存在共同的关系，但文本字符共同出现的次数为零
孤独—比喻	1.23	0.303	存在共同的关系，也存在文本字符共同出现，但前一个数值相对更大
孤独—叔本华	0.7428	1.5152	存在共同的关系，也存在文本字符的共同出现，但后一个数值相对更大

如表 3-3 所示,"孤独"和"创新"并没有直接相连,而是通过"比喻"和"数据"这两个中间人,才发生的关系:

孤独—比喻—数据—创新

前面我介绍过,我的日常工作需要进行大量的演讲和写作,本质上,这是一个运用语言的工作,它要求我在讲述任何一个概念的时候,都要运用修辞手法,以求得生动的效果。给听众留下深刻印象,所以我设置了"比喻"的标签。但本质上,这是一个特殊类别的标签,我可以从我的图谱分析中把它拿掉。我的意思是,现在"孤独"和"创新"之间的最短路径是"孤独—比喻—数据—创新"(见图 3-11),我想看看如果我拿掉"比喻"的节点,它们之间的关系还存在吗?数值又会有多大?如果仍然存在,那就更能说明问题(见图 3-12)。

在 Logseq 里面,你可以在图谱中屏蔽任何一个节点。在我屏蔽了"比喻"的节点之后,再次调用 Adamic Adar 算法测算了"孤独"和各个节点之间的相关度,我把前后的值放在同一个表格中(表 3-4)中:

第三章 创建高级的思考特质

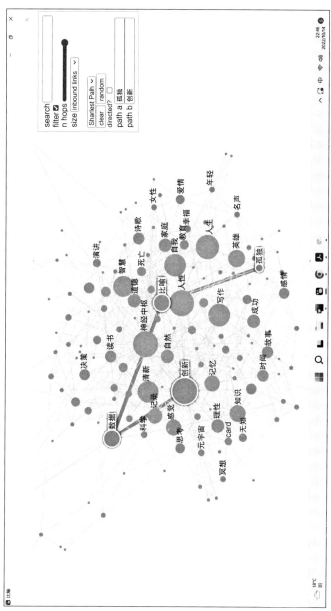

图3-11 "孤独"和"创新"两个页面之间的最短路径

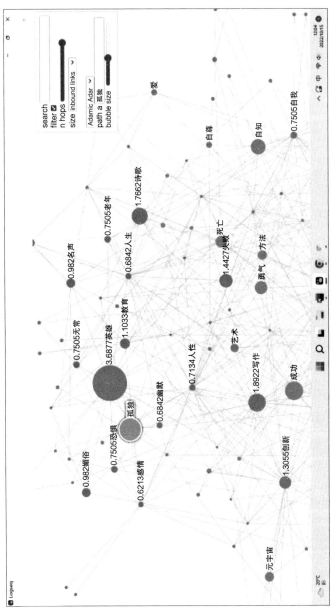

图3-12 屏蔽"比喻"节点之后的图谱分析

表3-4 屏蔽"比喻"节点前后Adamic Adar算法得分的对比

关联词	Adamic Adar 算法得分	Adamic Adar 算法得分（去除节点"比喻"）
孤独—英雄	4.0097	3.6877
孤独—写作	2.2744	1.8922
孤独—诗歌	1.7616	1.7662
孤独—失败	1.4427	1.4427
孤独—创新	1.23	1.3055
孤独—比喻	1.23	—

表3-4表明，即使去除"比喻"的节点，在图谱分析中"孤独—创新"仍然拥有较高的值1.3055，甚至比有"比喻"节点存在的前值"1.23"还要更大。下面我们再做一个最短路径分析，如图3-13，两者之间的最短路径变为"孤独—幽默—写作—创新"。

分析至此，我们可以清晰地下一个判断，在我的第二大脑里，"孤独—创新"存在潜在的关系，它们拥有共同的"朋友"，但从来没有出现在共同的场合。"孤独—失败"也一样，我应该发掘、思考它们的具体关系。一个最简单的做法，就是可以围绕这个主题收集资料，以丰富我的第二大脑，建立起它们之间的明显联系。

上述分析，针对的是"孤独"这一个节点，当然这个

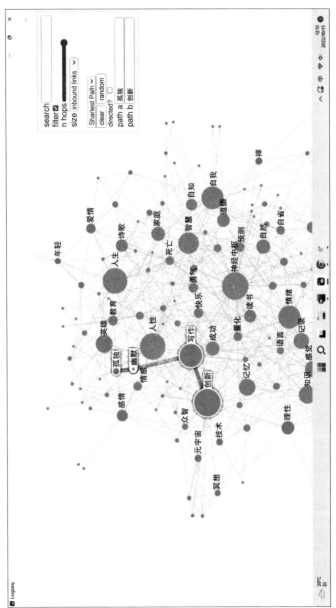

图3-13 屏蔽"比喻"节点之后的最短路径分析

方法可以应用到任何节点之上。我可以肯定的是,我们的节点越多、标签越精细。关系就会越丰富,我们利用图谱可以追踪发现的潜在关系就可能越多。

3

脑机协作催化新的创意

下面我们要探讨一个非常具有挑战性的问题：创新。现在一提到创新，人们首先想到的是科技创新，在科技意义上的创新包括三件事：首先要有一个创意，其次是要把这个创意变成产品，最后要把产品销售出去。但本书所讨论的"创新"并不涉及生产和销售，仅局限在"创意"这个层面。

创新的能力，现在已经被认为是现代人最本质的能力，也就是拉开人和人之间的差距、体现人和人之间最本质不同的一种能力。法国思想家米歇尔·福柯（Michel Foucault，1926—1984）甚至认为，现代性的定义就是人类永不停止的自我创造，而现代人最根本的特征就应该是创新。在此之前，我们评价人和人之间的差异，一般会从两个层次来考察。第一个层次是感官，即感觉，在这个方面，只要先天健全的人，差别都不会很大。第二个层次就是记忆和思考的能力，这个层次也可以概括成一个词：理性。在这个层次上，人和人之间的差别就比较大了，人类发现导致这个差别比较大的主要原因，不是先天的基因，而是后天的教育和培训，也就是说只要接受足够的教育，人和人之间在这方面的差异就不会很大，随着最近100年世界的发展，学校和义务制教育在很多国家都陆续普及，应该说，人类在理性方面的差异在缩小；但人类又发现，即使在受过良好教育的人中间，他们在创新能力方面的差异也非常大，有少数人表现出极强的创新能力，而大部分人只会按部就班，完全不具备任何创新的能力，这究竟是怎样发生的，心理学家、教育家、科学家至今都还给不出清晰的解释和答案。

人和人区别的三个层次：感觉 → 理性 → 创新性

我认为，第二大脑可以在这个现代人最本质的特征的领域有所作为，第二大脑的建设本来就是一个加强记忆和思考能力的过程，它强化了我们的理性，自不待言，只要善用第二大脑，它就可以帮助我们所有人创新，让这种比较稀少的能力出现在更多的人身上。

首先，第二大脑可以帮助第一大脑减负，让第一大脑专注于思考和创新。

我们讨论过，人类的大脑有两大机能，一是记忆，二是思考（创新也是思考的产物）。人类进化数百万年的习惯，不仅要用头脑来记忆很多事情，还要在头脑中思考很多事情，大脑的负担很重，而且人类还有一个不好的习惯，无论思考有没有结果，都会让这些事情停留、保存在头脑中。现代认知心理学认为，很多东西我们应该在需要的时候再看，而不是始终在脑海中萦绕，如果能把大脑中的东西转移到物理空间中去，大脑的效率会更高，而转移到物理空间中去的东西，只是移出了视线和脑海，并不是丢失，事实上保存在外部空间比保存在大脑里还更为可靠，这叫"大脑卸载"。

当然，今天我们为这个外部空间取了一个具体的名字叫第二大脑。如果我们把更多的东西记录在第二大脑，那有两个明显的好处，一是通过记录，在第一大脑中临时的信息可以"稳定"下来，或者说固定下来，以在任务的后期随时取用，当我们记录的东西越多，我们固定的东西就越多，我们后期思考的时候可以取用的东西就越多，我们第一大脑的思维就解放得越多；二是第一大脑本来就是有限的，就像一间房间，聪明的人总是有选择地把东西搬进去，只有傻瓜才把他碰到的各种破铜烂铁一股脑地装进去，这样一来那些对他有用的知识反而被挤了出来，或者是和其他的东西掺杂在一起，因此在想取用的时候非常困难。当过去的"东西"挤满了第一大脑的空间时，它怎么能够高效运转呢？把第一大脑中的东西转移到第二大脑中去，让第一大脑从繁重的记忆工作中解放出来，第一大脑才能保持清晰的、整洁的空间，才可以用更多的时间和空间专注在一件事上，这就是思考和创新。

此外，第二大脑可以帮助第一大脑看到更多的信息。不仅看到，第二大脑可以将所有的信息呈现为一张有组织、有结构的大图，它还可以用图谱一样的工具来帮助我们发现图中不同信息节点之间是否有联系，并且用数值来标明联系的强弱。第二大脑帮助我们把两个不同的信息或想法连接起来，这是第二大脑给我们赋能创新力的一个重要的手段。

创新大师史蒂夫·乔布斯曾经说过：

人类创造的本质，只是将不同的事物联系起来，这个联系越是意想不到，创造出来的东西就可能越有意思。

乔布斯说得对，很多人之所以能够创新，就是因为他能发现别人发现不了的联系和关系。知识从一开始，就不仅是对事物本质的认识，也是对一件事物和其他事物之间所有关系和联系的洞察和认识。人类历史上真正伟大的知识分子，例如人类公认的亚里士多德、柏拉图、莎士比亚、歌德、牛顿、爱因斯坦等，就是那些能将新与旧、过去与现在、远与近联系在一起的人，就是那些能够洞见所有事物之间互相关系和影响的人，他们不仅具有对事物本身的知识，而且还具有事物间的相互作用和真实关系的知识。

来看一个例子。2001年发生在美国的"9·11"恐怖袭击事件，可以说无人不知、无人不晓，它改变了美国，也改变了世界历史的走向。但在事后的反省中，美国的情报部门发现这起惨剧事实上早有先兆，如果当时的情报部门有更强的信息统筹、洞察和分析的能力，那"9·11"的悲剧是可以避免的。事实上，就在这次恐怖袭击发生的两个月前，2001年7月，一名联邦调查局凤凰城分局的警察就发现有大批的中东男子涌入亚利桑那州的飞行院校学习驾驶飞机,他在这些男子身上甚至发现了本·拉登的照片。这名警察把这些发现写成了一份6页纸的报告,在报告的一开头就预言说本·拉登正在策划恐怖行动,可能和飞行有关。他还在报告中建议应该立即对美国境内所有飞行院校来自中东国家的学员进行一次排查,并统计造册。事后证明,他在报告中提到的两个中东人和"9·11"当天驾驶飞机撞向美国五角大楼的那个主犯都有密切的联系。然而这份报告在提交之后,完全没有得到重视,它只滞留在亚利桑那州,没有提交到中央情报局,没有亚利桑那州之外的官员看到这份报告。

到8月时,在距离亚利桑那州千里之外的明尼苏达州又发生了一件事,在一所叫泛美学院的国际飞行培训学院,有一名来自中东叫萨穆维的学生行为怪异,引起了校方的关注。他从来不参加理论课学习,只参加实操课,也不关心分数和证书,他在一架波音747模拟飞机上缠住老师不停地询问驾驶舱门操作的细节,泛美学院针对这些可疑的行为向当地联邦调查局做了报告。办案的警察随后发现,萨穆维拥有大量的现金,用现金支付包括学费的一切支出,他们拘留了这名学员,在随后的讯问中,萨穆维甚至谈到了他会策划一个阴谋撞击世贸大厦。当然,关于这个案件的报告也只是停留在明尼苏达州，萨穆维的招供被认为是异想天开，这个案件也没有得到足够的关注。但"9·11"事发之后证明，萨穆维的学费就是来自"9·11"团伙，他和参与劫机的11个人都有直接的联系。

美国情报部门事后总结说，这两条明显的线索之所以被忽视，没能起到警示的作用，是因为它们各自都停留在各自的地区，它们是孤立的，全国没有任何一个人同时看到、掌握这两条线索。设想一下，如果凤凰城和明尼苏达州的干警能互相读到对方的报告，当这两个不同来源的信息可以发生碰撞、连接起来，那情况就可能完全不同，一定会触发新的思考、判断和行动，"9·11"的悲剧就可能避免。

我讲这个例子，当然不是要证明一个国家的情报部门需要第二大脑。我想说明的是，创意之所以可能发生，是有前提条件和过程的。想要让不同的信息连接起来，我们首先得拥有很多很多的信息才行，我们也得先看到这些信息和想法才行。而有了第二大脑，这些都可以实现，我们可以把所有的信息和想法寄存在第二大脑中，可以像"一览众山小"一样浏览信息的大图，还可以让软件和算法帮助我们寻找这些信息之间的联系。

我在前文中演示了我怎样发现"孤独—创新—失败"这三个节点之间存在潜在关系的过程，你可以看到，这个分析还是挺冗长的，虽然第二大脑可以自动生成图谱，我们也可以对图谱中的每一个节点做类似的分析，但很多时候，我们可能还是懒得动手去一一分析。虽然在未来这些分析都可能自动发生，但我可以肯定，最佳的创新一定来源于第一大脑和第二大脑的配合，即脑机协作才能达到最好的效果。

那第一大脑应该如何配合？我有三个经验。

第一个经验是第一大脑要经常回访第二大脑，就像是漫游，也像是邂逅。我经常在第二大脑中漫游，就是这里看看、那里翻翻，但不给自己规定任何明确的目标，当我不把自己限定在一个既定的计划和目标里，而是在大脑空间里漫游，奇怪的是，在这种漫无目的的状态下，我反而常常能发现一些新的联系，一些新的值得放大、深入的点位。我还在第二大脑中设定了一个开机邂逅的功能，就是每次打开第二大脑的时候，它都会给我随机推送一个信息块，我感觉这种方式很有效，因为第一大脑可能在完全放松的状态下接收到意外的刺激，产生新的创意。

回顾人类的创新史，你会发现，许多伟大的成就和伟大的创意都来源于偶然的邂逅和巧遇，所以，我们不妨常常去第二大脑中散散步，不带任何目的，而在偶然碰撞而来的火花中去捕捉创意。

第二个经验是要"盯着看"。在我们的第二大脑中，每一个反射区都是一个页面，都围绕一个主题，这就是一张信息结构图，多个反射区还构成了一个神经中枢，这是一张更大的图。我的经验就是：以神经中枢为单位，对反射区一个一个进行整体浏览，在想象中和这些信息对话。不仅是面对屏幕，有一些信息必须打印出来，拿在手头浏览。我们感知事物的自然方式，和我们的眼球运动是同步的，大脑在扫描的时候更容易注意到细节、关注到联系，这就是为什么我们要把思考的事物放在我们的眼前，盯着它去看。我很喜欢物理大师牛顿（Isaac Newton, 1643—1727）的一句话，是这样说的：

我始终把思考的主题像一幅画一样摆在我的面前，再一点一线地去勾勒，直到整幅画慢慢地凸显出来。这个过程需要长期的安静与不断地默想。

甚至在工业时代之前，人类就为能同时看到更多的信息做了很多努力。图3-14是欧洲的工程师在1588年发明的"书轮"，它通过转动轮子让阅读者能在多本书的不同信息之间进行切换浏览，以激发思考。

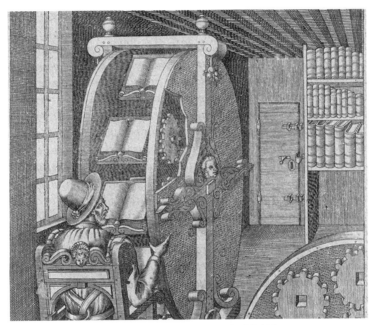

图3-14 欧洲工程师发明的"书轮"

第三个经验是保持诵读的习惯。之所以说"保持"，是因为我们本来都拥有这个良好的习惯，但大部分人却在成长的过程中不知不觉丢失了。我们常常读到一些好的信息，但如何把它们转化为自己的洞察力和智慧呢？经常诵读或者默诵是最好的方法,当我们不停地重复这些话,读出声音,这些声音就会进入第一大脑,渗入我们的意识,成为我们精神活动的一部分,你越诵读,它就越下沉,变成你的潜意识和脑回路。这些潜意识是人体的自动控制器,无时无刻不在工作,那是个神秘的世界,我们还不完全知道它是怎样工作的,但它会在不知不觉中影响我们的行为,让我们感受到新的思想元素,建立新的脑回路,催生新的观念和行动。如果我们想让来自外部的信息在自己身上加速发生作用,这就是一个有效的方法。

诵读应该在一个不会被打扰或打断的环境中进行,最好是单独的书房,大声朗读,或者是晚上躺在床上闭上双眼默诵。当我们确定了需要熟悉的内容之后,应该一有时间就重复这个过程。当然,很多人不习惯大声诵读,认为这是小孩子做的事。事实上,如果在家带头诵读,我们还能影响自己的孩子,引导他们建立一个终身受益的习惯。

4

使用 Query 和搜索的技巧

虽然有了标签，它可以自动把同一主题的信息汇聚到一起，这极大地帮助了我们在第二大脑中寻找、定位我们需要的信息，但标签并不是万能的，一个标签代表的其实是一个反射区、一个页面、一个节点，在这个页面和反射区中，还有一大群信息块等着我们去鉴别。很多时候，我们需要准确定位一个信息块，例如，我们在前面讨论过的问题，还记得那张图吗？我们在那张图中发现了"比喻"和"孤独"之间有直接的联系，也就是说，这两个反射区中存在着一些神经元，它们的标签之间发生了交叉，那问题来了，我怎样在第二大脑中快速找到这些"神经元"呢？

未来的第二大脑，应该只要点击这条连线，就可以展示结果，但现在还不行（见图3-15）。有一个笨拙的方法，我们可以回到第二大脑的"比喻"反射区逐个神经元去查看，这当然很费劲，现在我们就要介绍一个更高级的方法，就是Query（查询语句）。作为第二大脑的一个有效建设者、管理者，我们常常要用到Query，我们必须学会写Query，掌握查询搜索的技巧。

我们还是以Logseq为例，它给我们提供快捷书写Query的功能，在任意一个块键入/Query就可以创建一个简单的查询，下面是完成我们上述查询的3条语句：

（1）{{Query (and [[比喻]] [[孤独]])}}：本语句可查询出同时打有"#比喻"和"#孤独"两个标签的块。

（2）{{Query (and [[比喻]] "孤独")}}：本语句可查询出打有"#比喻"的标签，同时包含有"孤独"两个字符的块。

（3）{{Query (and "比喻" "孤独")}}：本语句可查询出同时包含有"比喻"和"孤独"两组字符的块。

运行这3条语句，我们当然很快就在"叔本华"这个反射区找到下面这个神经元，它是我阅读叔本华著作《论

第三章 创建高级的思考特质

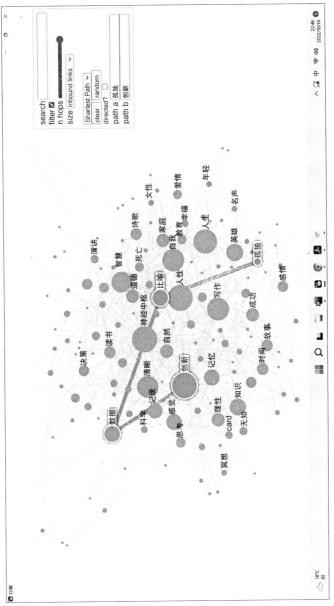

图3-15 点击连线查询结果

天才》的一条摘录,我给这条摘录打上过3个标签,其中就有"# 比喻"和"# 孤独",我前面谈到过,"# 比喻"是我的一个修辞类别的标签,这段话里把英雄的生活环境、工作比作"小岛""筑立石碑",把后来的发现者比喻成"航海者",就修辞而言非常精妙(见图3-16)。

> **叔本华**
>
> 《论天才》,[德]叔本华 著,柯锦华 译
>
> - 如果一个人想亲身体验到来自于同代人感激之情,那么他就必须调整自己的步伐以迎合他们。但是,真正伟大的东西绝不会以这种方式产生出来。因而,一个人真正想要创造出伟大的业绩,他就必须把他的目光投向后代人,坚定不移、始终不渝地为未来的人类精心制作自己的鸿篇巨作。毫无疑问,其结果只能是,他完全是一个无名之辈而不为他的同代人所知晓;并且,他就好像是这样一个人,他不得不在一个孤寂无人的小岛上孑然一身地度过其一生,在那儿他竭尽全力矗立起一座石碑,好让未来的航海者知道他的存在。# 比喻 # 英雄 # 孤独

图3-16 叔本华名言摘录

我可以肯定,以上这3条语句是我们在第二大脑中经常要用到的,如果我想在第二大脑里找出同时打上了两个不同标签的块,那就可以用第一条;如果我要找的只是打上了一个标签,但是含有某个特定字符的块,那就用第二条;再举个例子,如果我连标签都不记得,只想在所有的

块中找到包含"勇气""歌德""弱者"这三个关键词的块，可以套用第三条语句，执行的结果如图3-17所示：

{{Query (and "勇气" "歌德" "弱者")}}

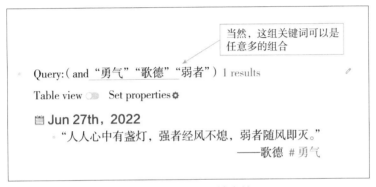

图3-17　Logseq的搜索结果

Query 所得到的结果也是以块的形式呈现出来，你可以将一个 Query 保存为一个页面，它运行的结果就是组成这个页面的块，可以随时查阅。

除了查询普通的信息块，我们还可以对任务进行查询，例如下面两条语句：

（1）{{Query (and [[project]] (task NOW LATER))}}：查询和某个项目相关但还没有完成的任务。

（2）{{Query (and (between -7d +7d) (task DONE))}}：查询7天之内已经完成的任务。

谈到Query，可能很多人有畏惧心理，但其实一点都不可怕。只有极少数的情况，Query会变得非常复杂，例如有一次我想找在父块中包含"歌德"两个字符，在子块中包含"勇气"两个字符的信息块，因为子块不止一个，所以这个语句写出来就有些复杂。但大部分情况下，只要掌握以上一些基本语句，就能满足日常工作的需要了。Logseq使用的是Datalog数据库和Clojure查询语言，Clojure具有和流行的SQL（结构化查询语言）很相似的表达，即使是高级、复杂的功能，借助在线手册也很容易学会。Logseq还在2022年宣布过他们正在开发一个智能化的工具，可以基于你说的话（即语义），来为你自动生成高级复杂的Query语句（见图3-18），所以查询会越变越简单，我们在此也点到为止。

Query的本质其实是搜索。第二大脑是介于互联网和我们个体第一大脑之间的一个适配物，它帮助我们记忆和思考，第二大脑的很多信息块的来源都是互联网，很多时候我们必须从互联网上找到合适的信息，这一点也非常重要，所以在这里我也讨论一下在互联网上搜索的技巧。

在互联网上搜索是我们丰富、建设第二大脑的一个必要手段。阳光之下并无新事，地球上已经有数千亿人生活过，他们留下了许许多多的经验和知识，我们面对的几乎一切问题，要做的几乎一切事情，历史上都已经有人思考过了，或者已经做过了。目前，他们的很多经验和知识已经沉淀在互联网上，这个沉淀的过程还在加速。

图3-18　Logseq宣布他们正在开发基于语义的AI Query

也就是说，我们面对的各种烦恼和问题，其实是有答案的，或者说有部分答案的，你只需要看看前人和别人怎么说、怎么做就可以，我们不主动去发现和利用，而去做无谓的思考和重复的劳动，不是傻子吗？通过有效的互联网搜索，我们可以站在前人、巨人的肩膀之上，自己为自己解答绝大部分的人生疑问和难题。

但很遗憾的是，大家面对的是同一个互联网，信息和数据就在那里，但每个人的搜索能力各不相同，一些信息对有些人就是举手之劳，但对另外一些人来说，却好像天人永隔，永远都见不到。在我近30年的职业生涯中，我看到很多人因为搜索信息能力的不同，而决定了他们在职业发展中是否能够获得晋升和发展的机会，失去机会的人对自己能力的欠缺却浑然不觉，一点也没意识到是因为自己不懂搜索，或者说没有充分掌握在互联网上的搜索技巧而造成的。

我在《数商》（中信出版社，2020年）这本书中，曾经对搜索的原理和技巧进行过详细的阐述，认为这应该成为现代人的基本知识和技能。本书再提炼出8点日常技巧以供参考，试着娴熟掌握这些搜索技能，我们就可能会和一些原来永远都不可能看到的信息不期而遇。

（1）把关键词和一个特定的数字结合起来搜索，即把数字也当作关键词来搜索。包含一个关键词的结果会有很多，但同时包含一个特定数字的结果就会少很多很多，这意味着更快更准。

（2）对一些有争议的问题，可以把争议的关键词和"数据""回归分析""因果""关联"这些词放在一起搜索，结果中可能会有一些高质量的实证分析。

（3）如果你想同时搜索两个关键词，但这两个关键词并不连贯，这时候你就可以用并行搜索，格式是：A | B。比如，搜索两个关键词：大数据 | 社会治理。

（4）把关键词放在双引号中，代表完全匹配搜索，也就是说，搜索结果返回的页面包含双引号中出现的所有词，连顺序也完全匹配，这样可以提高搜索的精准度。

（5）当你想要搜索出来的结果只含关键词 A 而不含关键词 B 时，只要输入：关键词 A（空格）- 关键词 B，例如：大数据 - 保险。

（6）有的时候，我们只想从文章的标题中搜索，即找到包含一些关键词的标题，可以用"intitle"这个指令，例如：intitle：大数据。这样出现的是标题含有"大数据"三个字的文件。

(7)有一些专题文件特别有用,例如pdf格式的论文。我们可以快速找到这样的文件类型,例如在搜索框中输入"大数据 filetype: pdf",表示含有"大数据"的类型为pdf的文件。

(8)也可以指定来源搜索,例如:在搜索框中输入"大数据 site: zhihu.com",表示在知乎站内搜索"大数据";还可以指定网站类型搜索,比如edu、gov等;如果需要搜索一篇学术论文,可以输入"大数据 edu filetype: pdf",这样就能找到大学网站的pdf格式的学术论文;如果需要政府文件,就输入"大数据 gov filetype: pdf"。

5

改写、化用和互文：
创建新的"脑细胞"

前面我们谈到了需要做记录的信息有不同的种类，所以有各种性质的信息块。我们认为，一则记录就是一个块，就是第二大脑的一个"神经元"、一个"脑细胞"。我们的想法、我们的日程、我们的计划，这些块都是我们个性化生活的一部分，因此也是我们独有的。但是有更多的信息，它们来自我们的阅读，可能是书本也可能是网络，或者是我们社交中他人的只言片语，它们打动、启发了我们，以后我们可能要用到它们，所以我们要把它们记录下来。一般来说，我们会原汁原味地照抄下来，或者通过鼠标的几下点击直接把它们拷贝下来，我们把这种记录叫作

"摘录"。

在拷贝和复制如此简单的今天,我敢肯定,在每个人的记录中,都有大量的摘录。

摘录是一种重要的学习方法。摘录的行为可以帮助我们的大脑获得"印象"。但我们在本章一开始就讨论过,记忆是一回事儿,思考是另外一回事儿,从印象到理解、掌握中间隔着一段很长的距离,不经思考难以抵达。所以,如果我们仅仅停留于摘录,那就是一种糟糕的学习方法。我们摘录的是好东西,但是是别人思考的成果,这就好比搭别人的车,是别人带我们走,我们自己被免除思考的责任,自然很轻松,但要是问一个人从 A 到 B 的路怎么走,搭车的人是说不清楚的,开车的人才知道,因为开车的人必须要盯住路,不断地思考判断,否则会错过拐弯,走错路。

德国的思想家亚瑟·叔本华(Arthur Schopenhauer,1788—1860)对此有精彩的论述,他甚至认为,读书——如果仅仅是读——那就是对思考能力的一种破坏,读书不思考,其实读得越多越糟糕:

我们读书时,是别人在代替我们的思想,我们只不过是重复他人的思想活动的过程而已，犹如儿童启蒙习字，用笔按照别人所写的笔画依葫芦画瓢，我们的思想活动在读书时被免除了一大部分，因此我们暂不自行思索而拿书出来读时会觉得很轻松。然而，在读书时，我们的头脑实际上成为别人思想的运动场了，所以读书越多或整天沉浸于读书的人，虽然可以借以修养精神，但他的思维能力必将逐渐丧失，犹如时常骑马的人，其步行能力必定较差，道理相同。许多学者就是这样，因读书太多而变得愚蠢。一条弹簧，常受外物的压迫会失去弹性，我们的精神也是一样，如常常受到别人思想的压力，也会失去思考的弹性，食物虽能滋养身体，但吃得过多则反而伤胃乃至全身，我们的精神食物如太多也是无益。读书越多，留存在脑中的东西越少，两者是成反比的。读书多，他的脑海就像一批密密麻麻、重重叠叠、涂抹再涂抹的黑板一样。读书而不加以思考，绝不会有心得，即使稍有印象也浅薄而不生根，大体在不久后又会淡忘丧失。

叔本华的这段话也提及了"思考"和"记忆"的关系，非常精辟。正像叔本华的观点，读书不是越多越好，摘录也不是越多越好。在我建设第二大脑的过程中，曾经存在大量的"摘录"，它们和其他的信息块一样，都是我第二大脑中的神经元，但我逐渐认识到，如果过多地用摘录来填充我们的第二大脑，我们拥有的将仅仅还是一个数字化的剪贴本、一个信息的记忆库，而不是一个真正的具有"思考"能力的大脑。

摘录和拷贝是思考的敌人，也是第二大脑的敌人。

那怎么办呢？没有别的选择，我们必须对准备摘录的信息进行思考和改造。一则摘录，事实上是别人思考的结果，来源于别人的神经元，如果我们让它原封不动地进入我们的第二大脑，它最大的可能是游离在第二大脑的边缘，无法真正发挥一个脑细胞的作用。我们的身体，对不属于我们自己的、外来的细胞会有一种特殊的"排异"功能，就像一个器官移植进入我们的身体之后，即使我们知道它是个好东西，是来帮助我们的，但它仍然会被免疫系统识别为"异己成分"，没有办法立刻融入和发挥作用，大脑也是这样。

第二大脑要有真正属于自己的脑细胞，就必须对摘录进行思考和改造。改造的方法就是——按照你可能要使用的语境，用你自己的理解和语言重述这段话的意思，把它改造成具有你自己个性的、新的、不会排异的大脑"神经元"。

第二大脑将会从这个过程中受益无穷。摘录太容易，很多时候一摘了之，但要把摘录的内容用自己的话写下来，这就不容易了，这可以检验我们是不是真的理解了我们想得到的东西，在这个过程中，我们常常会发现，有一些内容我们并没有真的理解，我们必须回头去咀嚼摘录的内容，这是一个过程——这个过程有的时候可以一次完成，有的时候则必须经历多次。我的做法是，对重要的摘录，会在第二大脑保留原文并在文本后面加个括号注明来源，日后我一看到结尾带着括号的信息块就知道这是一条摘录。任何时候巡视自己的第二大脑，只要看到摘录，只要有时间，我就会停下来再一次对比原文和自己的改写，看到不满意的地方，就继续改，这个过程不断重复，直到自己对改造的结果满意为止，这个过程才算真正完成。如此反复，也有助于我们把所摘录的东西跟我们大脑中已有的知识体系融合到一起。

据我所知，这个方法最早的总结来源于美国的开国元勋之一的本杰明·富兰克林（Benjamin Franklin，1706—1790），富兰克林出身于普通人家，小时候就到他哥哥经营的印刷工厂做童工，工厂印的是报纸，富兰克林喜欢读报，他看到好的文章，就会反复地读，然后把报纸合起来，根据记忆和自己的理解在纸上重写这篇文章，刚开始他只能写一点点，写不出来了就再打开报纸看，然后又合上报纸继续写，直到把全篇文章都写完。

他在自己的传记中记录了这个方法：

恰好这个时候，我看到《旁观者》一书残缺不全的第三卷，我以前从未见过这本书，于是便把它买了下来，读了一遍又一遍。得到这本书对我来说是莫大的喜悦，我觉得这本书写得非常精彩，有可能的话，我想模仿它。有了这个想法以后，我便先从书中选了几篇文章，为每一句做了摘要，然后把它们搁置了几天，**之后在不看原文的情况下，试着把原文复述出来，用自己所能想到的词汇和摘要重新构建整篇文章，尽量使它和原文一样；最后我再把它和原文对照，发现错误并进行订正。**

但我发现我的词汇量少得可怜，也可以说是不能在脑海里迅速地搜罗到最恰当的词，也许如果我原来继续写诗的话，我的词汇量现在会很丰富，因为写诗时需要寻找词义相同但长短不同的词汇，去适应诗的韵律，这会训练我不断地在脑海里搜寻各种形式的词语，并能随心所欲地使用它们。因此我把其中的一些故事改写成诗，一段时间以后，当我差不多忘了原书内容的时候，我又把它们重新还原。

有时候我也把我写的摘要打乱，过了几星期再试着把它们用最恰当的顺序组织起来，形成一篇完整的文章。我这样做是为了学会构思，然后通过和原文比较，我发现了错误并加以改正。有时候我会很高兴地幻想，我的语言和条理在一些不太重要的地方比原文更好，这种幻想足以鼓励我相信自己在未来可以成为一个不算糟糕的作家。

（《富兰克林自传》，北京联合出版公司，2015年）

这种方法可以叫复述。或者叫仿写。富兰克林使用这种方法，很快就可以给报纸写社论了。当他向他哥哥投稿的时候，他担心自己还是个孩子，他哥哥肯定嗤之以鼻，看都不会看他的稿子，富兰克林只好匿名投稿，直到他的作品发表了一年以后，别人才知道他的真实身份：

我怀疑哥哥如果知道稿子是我写的话，绝不会发表它的。所以我就设法隐藏自己的笔迹，写了篇匿名的稿子。晚上的时候，我把稿子塞到印刷所的门下。第二天早上，稿子被人们发现了，当哥哥的朋友像往常一样来拜访的时候，稿子就在他们中间传看。他们阅读了我的稿子，大大地赞扬了一番，这些都进了我的耳朵。我非常高兴，我的稿子能够得到他们的认可，他们猜测谁是这篇文章的作者，他们猜的人都是镇上一些博学和聪慧之人。

富兰克林是一位典型的"斜杠青年"，他一生头衔很多，成就巨大：政治家/外交家/物理学家/发明家/作家/慈善家等，从一名普通的印刷工成为美国历史上最具传奇色彩的伟大人物之一，我相信这个读书方法起了极其重大的作用。

虽然富兰克林总结得最早，但把这个方法总结得最系统、最全面的要数德国的学者尼古拉斯·卢曼（Niklas Luhmann，1927—1998），卢曼也出生于一个普通家庭，他的父亲是一名酿酒师，卢曼年轻时参加过第二次世界大战，还被俘虏过，战后他成为一名普通的公务员。卢曼喜欢在业余时间读书，而且勤于记录，发明了一套后来被称为"卡片盒"（Zettelkasten）的笔记方法。正是依靠这个方法，这位年轻的公务员在业余时间写出了若干论文。当他把这些文章寄给一位大学教授之后，这位社会学教授大加赞赏，认为他已经具备了在大学教书的见识和水平，而卢曼当时没有受过社会学的专门训练，也没有博士学位，按通行的标准,他就连做教授助手的资格都没有。但在这位教授的推荐下,卢曼真的去了一所大学担任教师,接下来他用了一年的时间就完成了博士论文。到1968年,卢曼被正式聘为比勒菲尔德大学的社会学教授,并且终身担任这一教职。卢曼以学术高产著称,在他成为教授之后的30多年中,他总共出版了58本著作和数百篇文章,其中不少作品在当时都获得了赞誉,卢曼本人也被视为欧洲当时重要的社会学家。

卢曼的"卡片盒"方法强调的是,每读到有价值的信息,就要为它做一张卡片,但他"拒绝做知识的搬运工",从来不照抄,而是根据自己的语境对读到的信息进行"改写"和"翻译",相关主题的卡片再通过他自己发明的索引方法集结起来,成为他学术研究、论文写作的重要参考和来源。卢曼的"卡片盒"做法影响很大,被总结成书 *How to take smart notes*,中译本叫《卡片笔记写作法》(人民邮电出版社,2021年),本书的写作也从卢曼的经验中获益很多。

富兰克林的仿写和卢曼的改写,在当代文学理论里,也有一个对应的方法,而且有个时尚的名字,叫"互文"(the theory of intertextuality)。我对互文的认识源于国内文学理论界近年来对作家木心（1927—2011）的一场质疑和争论。木心去世前后有大量作品刊行问世。2022年初，国内有学者通过"查重"发现，木心的文本与其他人的作品有很多重叠之处，而且木心在自己的作品中没有指明出处，于是有学者认为，这已经坐实了"抄袭"。

美国加州大学洛杉矶分校的童明教授和我在一个微信群。他为木心辩护，反对这种指控，认为木心的做法不是抄袭，而是"互文"，但国内对互文理论不太了解。童明教授解释说，互文是指对别人文本的改写，这是一种化用；事实上，文本就像一个纺织品，都是混纺的，认定某种真理性的话语或思想有一个纯粹和固定的起源，这是一个迷思，其实根本没有这样的起源；读书的人要敢于去化用前人的成果，化用得好就是创新，对于文学作品而言，并不需要指出来源，处处注明出处会影响读者的阅读感受；文学之路是公开的，也是永续的，如果化用得不好，或者完全是抄袭，专家和历史都会给出相应的评价，无法隐匿。童明教授的主要观点可以参考他的论文《文学虚构中的互文现象》(《海峡人文学刊》2022年9月号)。

童明教授的意见打动了我。一来二往的讨论，我和他也成了朋友，因为他的启发，我得以深入地了解互文理论。我认识到，阅读和写作两者之间的关系不是对立的，而是相对的，一个人的读书活动，应该是和书的一场对话，我们要带着批判的眼光去阅读，也要有自己的表达，要通过自己的思考去化用、吸收前人的成果，无论是文学家，还是工程师，都是善于使用不同来源的现有材料进行创新的人。单纯组合的行为，也可能成为一种真正的创新，就像苹果的智能手机离不开来自世界各国的零件一样；又像水一样，一个分支的溪水流入江河湖泊，最终又流向大海。

无论是富兰克林的复述、仿写，还是卢曼的"卡片盒"和改写，抑或是现代西方的互文理论，强调的都是要把别人的思想转换成自己的语言，在转换的时候，你可以结合你的人生经历、根据你的理解，对原文进行语境的转换，甚至是润色、美化和完善，当你尝试把同一个观点用不同的语言来进行表述，因为使用了新的词语、维度和语境，拥有了新的文字组合，这个过程就是创新，也有可能激发你的读者创新。当然，这种转换可以经历多次的努力完成。在我的第二大脑中，有很多信息块都不是一次记录之后就永久留存、不再改动的"脑细胞"，我不仅不断修改这个信息块的内容，也不断思考它与其他"神经元"之间的关系，调整它的标签和链接，我感觉也正是这种行动让"脑细胞"保持了活性，它们在大脑皮层中生生不息，长青不衰。

只有一种情况下我允许自己摘录，那就是我们确实会碰到一些前人总结、书写的人生至理、千古金句，它们非常经典，读下来你一个字也不想改，也很难改。例如，前面这段叔本华关于读书和思考的论述，好得实在不需要任何修改，在任何情况下最好的选择都是"原文引用"。在这种情况下，我们才能够毫无压力、原汁原味地摘录。当然，在完成摘录之后，我们还是要对其细节进行思考，找出它和其他信息块的关联，唯有如此，才能在建设我们第二大脑的过程中，同步完善我们的思考能力，而简单的摘录行为，仅仅复制了前人的思想，是偷懒，这样建设的第二大脑，会仅仅成为一个数字资料库。

拒绝摘录还有一个巨大明显的好处，那就是所有的脑细胞都是真正属于你自己的，你可以直接使用。2022年6月28日，我应邀在中山大学的毕业典礼上发表演讲，一年一度的毕业典礼是一件大事，学校要求在演讲前提交一份正式的演讲稿，我清楚地记得，我在确定演讲提纲之后，在第二大脑里面检索，只用了40分钟就完成了演讲稿的初稿。那次演讲收到了很好的效果和反馈，澎湃新闻在当天就全文发表了这篇演讲辞，人民网、《南方日报》等媒体随后进行了转载。

如果没有第二大脑，我要准备这篇演讲稿，那只能对着雪白的屏幕或稿纸，从标题开始一个字一个字地写出我的文稿，我的第一大脑要为寻找、组织素材积极思考，还要判断所用的每一个字、每一句话是不是准确、生动，这两件事一起做，是非常累人的，任何人没过多久都会感到巨大的挫折感。我听过很多人感叹，写作真是一个苦差事，我宁愿去跑10千米、宁愿去做10顿饭、宁愿去开10次会，我也不愿意在这里一个字一个字地写东西。

但有了第二大脑，你不用去一个字一个字地把你的想法写出来。无论你是要去演讲，还是要发表一篇文章，你首先需要的是一个初稿（草稿）。要得到一个草稿，你只需在你的第二大脑中，找出相关的记录，把它们变成连贯的文字。记住你的第二大脑中已经有块、有页、有集群、有图谱，它们之间已经有各种顺序、关系、主题和结构，在这些记录中已经包括了一些核心的观点、生动的例子、前人对这个问题的思考。还有，如果它们又不是摘录，都是经过你自己个性化改写的语言，那就非常好办了，你要做的就是重新整理、重新组合，让它们彼此联系，形成一个新的整体。就像你要建一所房子，现在不是有砖了、有瓦了、有水泥了、有钢筋了，而是各式各样的墙和屋顶都已经造好了，甚至家具也有了。你只要通过组合和摆设，就可以入住了。正是因为有了这些半成品，你可以利用时间创新，专注在提出契合情境的新洞见之上，这是一个轻松的过程，甚至是一个有点好玩的过程，就像玩魔方，魔方已经在你手里，你也已经掌握了方法，你需要做的，只是变一个花色。

说和写，其实就是在日常生活中创造个人成功的主要手段。能说会写的人生，已经成功了一大半。第二大脑可以帮助你成功！

第四章

误区、障碍和方法论

在人类个体的发展历史上，记录这个行为是迄今为止最被低估和最少使用的做法。

1

误区一：
记忆力好 ≠ 不需要记录

围绕第二大脑记忆和思考的两大功能，我在前文用了两章的篇幅，讲述如何建设第二大脑，它包括如何构建神经元（块）、反射区（页面）、神经中枢（页面集群）、最后形成大脑皮层（知识和价值的体系），还包括如何利用标签、Query 语句、图谱、白板和互文来强化思考和创新的能力。第二大脑的建设是一个长期的过程，它可以从 10 岁开始，一直持续到六七十岁，甚至直到个人死亡的那一天，也就是说它通常会跨越至少 50 年之上。在第二大脑早期的建设过程中，我们必须用大量的时间持续地收集新的信息，而在我们的第二大脑逐渐走向成熟之后，新信息的收集工作很可能会变少,我们会用更多的时间来优化我们的第二大脑,让神经元、反射区和各个中枢之间的组织和关联更加丰富、合理、精细。

显而易见,源源不断地收集、记录新的信息,是创建第二大脑的基础,这需要长期的努力,一个好的数字记忆体,需要大量扎实、有效的数字记录,没有这些记录,第二大脑将根本不会产生,也不可能发挥作用和产生价值。一个显而易见的结论是:我们需要做的——就是长期坚持把我们听到的、看到的、想到的、经历过的事情记录下来,但记录这一行为一直在遭受质疑。特别是在我们可以随时打开手机、平板、笔记本电脑获得任何信息的今天,为什么还要做记录?这种质疑是如此广泛,很多人甚至未经充分思考就已经用行动做出了选择:拒绝记录。

人们在开始建设第二大脑的时候,最容易陷入的第一个误区就是:我的记忆力很好,不需要记录,从而搁置、耽误数字记忆体的建设。在他们的潜意识里,他们已经认为,记录是一种浪费时间和精力的做法,他们相信如果把用于记录的时间节省下来,肯定可以完成一些其他更有价值的工作。他们因此不屑于记录。

记忆、认知专家已经发现,普通人倾向于过高估计自己的记忆力，过于信任自己的第一大脑。百事当前，总认为自己——都能记住，但其实大部分人的记忆力都是普通水平，很容易忘记。我们在第一章提到过德国心理学家艾宾浩斯绘制的遗忘曲线，他发现，只要一小时，人们就会忘记56%刚刚学习过的内容，一个月之后，则会忘记79%。问题是，正像无知的人绝大部分时候都意识不到自己无知一样，健忘的人也常常觉察不到自己已经忘记了某件事情。

在我50年的人生经历中，发生过一些关于我个人的大事、喜事和痛事，在事情发生的当时，我不止一次认为自己终生不会忘记。但随着年龄增长，我从自己、身边的人以及各种书本上发现了一个关于人性的真理，那就是人们会很快把自己认为终生不会忘记的事情忘记，无论是让他痛心的事、还是令他高兴的事，抑或是我们内心的呐喊、梦中的向往和低语。

我曾经有过一次短暂的婚姻。在感情破裂之后，我们面临离婚，在我听到她一些因为负气而狠毒的话语之后，我们之间爆发了激烈的冲突，这个过程非常痛苦。我一度认为，我对她的憎恨终生不会消失。但离婚后不久，我就释然了，我选择了原谅，我们还是成了会偶致问候的朋友。

我很快发现此道不孤,在历史上就有很多同行者。塞缪尔·约翰逊(Samuel Johnson,1709—1784)是18世纪英国的明星思想家,在詹姆斯·鲍斯韦尔(James Boswell,1740—1795)为他撰写的那本著名传记里记录了一件事情:一位绅士的太太过世了,之前他们非常恩爱,这位绅士告诉约翰逊,在妻子死后他大为伤心,他决心让悲痛和记忆持续下去,他用一种神圣的、迷恋的心情珍重这种感情,但他很快发现,悲痛没有了。同样是失去妻子,这位绅士承受的是死亡,这比离婚还要沉重。但他也在遗忘。约翰逊在他的传记中解释说:

那些在自然过程中无助的东西会很快消失的,只不过是有早有晚罢了,只有一种情况它会持续很长的时间,那就是导致这种悲痛的原因是自己的恶行引起的,它和良心的懊悔纠缠在一起,就会更加难忘。

从他的解释看,我不仅要平静地接受自己的淡忘,可能还要为此感到庆幸,因为快速淡忘恰好证明我的良心没有懊悔和负担。

即使是一些更加漫长、深刻的痛苦，人也很容易淡忘。诺贝尔奖得主埃利·威塞尔（Elie Wiesel，1928—2016）在纳粹集中营待了8年，受尽折磨，他决心出狱之后，要珍惜每一次呼吸、每一个微笑和每一次日出。为了提醒自己不要忘记这些经历，他把莱威集中营的编号"A-7713"文到了自己的手臂上，这样他每天一睁眼一抬手就能看到，他余生不断地进行演讲和写作，他解释说这是为了对抗整个人类可怕的遗忘。春秋时的吴王夫差，他的父亲在战争中被越国杀害，他让身边的卫士在他每天起床后对他大喊一句话：夫差，你忘记了杀父之仇吗？这是深仇大恨。深仇大恨不经常提醒也容易忘记。日常生活的忙碌琐碎可以填满我们当下的大脑，悄无声息地在当下和过去之间划出一道鸿沟，让我们距离过去越来越远，我们常常低估这种力量。事实上，只需要几年的时间，甚至几个月的时间，我们就会忘记原本认为自己终生不会忘记的事情。

同样，在发生好事的时候，即使是一件非常重大的好事，在发生的当时我们会觉得自己在5年之后，甚至终生都会记得，但事实上我们还是会忘记：一旦我们心情陷入沮丧，世界一下子就变成灰色，我们就会忘了自己曾经获得的荣誉和对生活有过的感恩。所以，如果我们获得巨大的荣誉，最好把纪念品、奖状和奖杯放在桌上、挂在墙上显眼的地方，不是为了炫耀，而是要用过去的成功来提醒自己，给自己加油鼓劲，从而迈向更大的成功。如果没有这些，一味靠勤奋苦干，一味要求自己意志坚定，那即使再取得成功，也常常会是一场得不偿失的惨胜，好比杀人一万，至少自损八千。我们挂在办公室里的条幅、摆在书桌上的座右铭都是同一个道理。

为了对抗这种自然发生的生理遗忘，我一直在努力做一个执着的记录者，家里有各种各样的笔记本。我的儿子曾经在他三年级的一篇作文中写道："一天晚上，半夜我睡不着觉，就爬起来去看爸爸，我走到走廊尽头，看到一张小台灯照亮了小半个房间，我站在门口看见爸爸从书柜里抽出很多个本子，封面有红的、蓝的、灰的、绿的，有的上面写着2000，有的写着2006，里面大多用黑色的笔写着，有的地方被红色圈了出来，字密密麻麻像蚂蚁一样。"我坚持在晚上睡觉之前梳理一天的记事和感受，把它整理成文档保存下来，以便总结反省，或是在将来需要时查阅。这个习惯之所以数十年能够坚持，是因为我常常从中领略到好处，有获得感。例如，我们常常把过去发生的事情搞错日期，有些事情我们感觉发生在一两个月以前,一查阅记录,你会发现它们可能只发生在一两个星期之前,你会惊叹我们大脑的粗放、记忆的模糊;又例如,我可能只在记录里写了几句话,但这也能帮助我记得自己做过什么,日后也可能会根据这几句话再把它们丰富起来,形成更清晰、固定的记忆,所有事情都只有经过强化之后才能被更牢靠地记住。

长期为人父母,我还体会到,和孩子打交道的过程我们也需要记录,和大人相比,孩子们的健忘其实有过之而无不及,他们可能会把一切你认为重要的事情都忘得一干二净。因此在一些重要的日子,例如生日、节日,我们有必要带领孩子一起回忆,去年前年的这一天,我们做过什么,如果不依靠自己的记录,我自己也说不清楚,但如果当天记了笔记,我的回答就常常会令他们惊讶。有一次,我的孩子提出要求,他想再去一次动物园玩。我就在饭桌上跟他说:"哎呀,你还记得上次去动物园那天吗?姐姐去上课了,你和妈妈在门口碰到一个好心人,她送给我们一张员工票,我们进去后看到了袋鼠、大象,但老虎、豹子、熊都在睡觉,饲养员说,它们一天要休息20个小时,然后你背着那个黑色的书包,坐了滑索,我还能找到那天的视频,来,找到了,我们一起来看看……"当我把找到的视频播放给他看,他看完视频之后就不一定坚持要求再去动物园了。很多时候,我们只要和他人一起找回记忆,在记忆中重温一次过去的经历,人们的需求就改变了。其实,真相只是:我们不记得了。

为了对抗孩子们对家庭生活的遗忘,我和太太商议购买了一个17寸的电子相框,我们把数千张照片存储在里面,然后把它挂在餐厅走道的墙上,每天它都会在几千张照片中随机挑一些出来自动播放,孩子们每天都可以邂逅一张几年前,甚至十几年前的照片,过去共同生活的记忆得到重温、激活,这也加强了家人之间的交流,巩固了家庭的情感。

我们在前面也讨论过,一个人如果什么都记得,那极可能会成为他的负担。在我50年的生涯中,确实也遇到过那么几个人,他们的记忆力非常好,大脑皮层像密纹唱片一样,容量又大又清晰,他们见过的人,哪怕只见过短暂的一面,听过一点点介绍,他就能记住那个人的名字和特点,就好像登记在表格里一样。一方面,这样的人少而又少,一个手掌都能数得清;另一方面,这其实并不值得羡慕,他们的记忆力区分不了什么是大事,什么是小事,大量的用在生活琐事上。某种程度上,好的记忆力事实上被浪费了，这和我们在现实中获得的观察是一致的：记忆力好并没有对他们的生活和事业产生关键的影响和实质的帮助，他们的个人发展最后也是一般，令人惋惜。

图4-1　挂在我家餐厅的电子相框，为保存家庭记忆起了巨大的作用

所以，最好的方式还是记录。人的大脑就像一间空空的小阁楼，聪明的人首先是有选择地把一些"家具"装进去，其次是在大脑之外另外开辟一个储藏室，把大脑所储藏不了的东西转移到那里去。这种储藏室从前是笔记本，后来就是卡片盒，再后来是云端的数据库，现在就是第二大脑。

2

误区二：
懂了 ≠ 不值得记录

我们在创建数字记忆体上的第二个重大的误区是：我懂了，所以不需要记录。这个误区也很普遍，它源于过于相信自己的理性。但事实上，这个误区也是一个错觉：听懂了、看懂了，并不能代表真的懂了，我认为，"懂"有四个层次：

第一个层次是自认为"听懂了、看懂了"就满足了，这是我们经常碰到的情况，这个世界有50%以上的人都停留在这个层次上。

第二个层次是不仅听懂、看懂了，还能说出来、复述；

只有大约 15% 的人拥有这个能力，能把自己听懂的东西再次讲出来。

第三个层次是不仅能讲出来，还能准确地写出来，能对自己提出这种要求、做出这种尝试的人，不到 5%。

第四个层次是最高的境界，能够把听懂、看懂的内容变成行动，所谓"知行合一"，这不仅要勤于记录，还需要悟性和智慧，在整个人群大约只有 0.5% 的人才能做到。

让我们先假定一个东西它原本是 A，当我们听到它的时候，我们的大脑会对听到的信息、看到的信息进行处理，它就变成了 B，当我们用语言说出来它是 C，当我们写出来它是 D，只有等到我们说出 C、写出 D，我们才能拿 C 和 D 去和 A 对比，我们才知道 C 和 D 是不是真的等于 A。而头脑中的 B，是无法有效和 A 进行对比的，也就是说我们自己确定不了，B 是否等于 A。

虽然说和写都是思维的显性化，但 C 和 D 也有很大的不同。一件事我们可以说出来（C），但语言毕竟会随风飘去，很难追究，有一两句说得不对的地方，听的人也可能因为礼貌而选择忽略；但写下来给人看就不一样了（D），读到的人和写下来的人都可以很快很清晰地发现，你大脑里的东西和别人讲的东西、你听到的东西，到底是不是同一个东西，即 D 是不是真的等于 A。所以说和写相比，写才是王道，它能更有效、更准确地检验你是不是真的懂了。

当我们仅仅让想法停留在头脑中（B），当我们仅仅满足于在头脑中去完善一个想法，我们就会感觉过于良好，认为自己真的懂了，这是因为我们的大脑是跳跃的，它一跳跃，就会顾此失彼，没有关注到的部分就会产生漏洞。而只有我们写下来的时候，想法才开始被记录固定下来。在固定的过程中，大脑会真正开始逐一梳理想法的全部逻辑，它使我们意识到作为出发点的那些隐藏的臆测和前提是不是真的成立，它使我们关注观点和事实本身能否在自身和相互之间保持一致和连贯，它使我们标记差异、跟踪区别，它使我们做出不做记录完全不可能得出的结论和判断，那些思维上的漏洞会像在暗房被冲洗的底片一样，立刻显现出来！它会把我们认为 B 是完美的错觉击得粉碎！

大家都喜欢听笑话，经过生活历练的人都会同意，幽默是最好的生活方式。一个对生活保有热情的人，会常常和朋友分享最新的笑话。我也很欣赏在饭桌上能惟妙惟肖分享笑话的朋友。但我常常看到一个发人思考的场景，有

第四章 误区、障碍和方法论

人讲了一个笑话,逗得大家前仰后合、乐不可支,听的人认为自己听懂了、也记住了。第二天他在另外一个地方上也讲一遍,但现场的效果会相差很多,有人笑、也有人不笑,笑的人还带着一点勉强和尴尬,为什么会这样呢?

讲好一个笑话,其实不容易。几乎在所有的社交场合,如果你可以用准确的、生动的语言来展示你的思想,即使是复述别人的思想,也会很容易赢得身边人的尊重,他们会认为你聪明能干,具备用语言的炮弹击中要害和目标的能力。

大家都希望拥有这种能力,但为什么很少有人能做到呢?答案就是记录。那些连一个笑话都讲不好的人高估了自己的记忆力,认为他可以丝毫不差地复述,他也肯定没有做记录的习惯,他以为他听懂了,他就真懂了。

听到一个有趣的笑话,你如果下次也想讲,还想讲好,那你必须在家里复述一两遍,但最好的方法,还是自己把它记录下来。有一个实证研究表明,如果家里有多个孩子,一般老大会比较能干且聪明,原因不在于基因,也不在于家长的培养,而在于老大有机会把自己懂得的道理给弟弟妹妹讲一遍。清代的名人曾国藩(1811—1872)一生戎马,位极人臣。他有一个习惯,就是无论是骑马行军,还是坐船赶路，一听到好的笑话，当晚就会记到自己的笔记本里，这个习惯他几乎终生不辍。年轻时我在他的传记里读到这一细节时，心中涌起的首先是一丝疑问。年龄渐长我才顿悟，曾国藩也需要在饭桌上分享笑话，他要讲好一个笑话，最好的方式也是先把听来的东西先梳理一遍。

世界上有很多事情要比一个笑话复杂得多。所以，如果你想检验自己是不是被第一大脑欺骗了，是不是真的懂了某个事实和道理，那么试试写下来——记录，在很多时候，记录是困难的，思考才是容易的，当你完成记录，就完成了差不多一大半的思考。我们在建房子的时候，需要搭建一个脚手架来支撑我们的身体，记录其实相当于我们大脑的脚手架。没有记录这个工具，事实上我们的大脑很难展开真正的、系统化的思考。那些拒绝记录的人，事实上是拒绝了最好的思考工具。

诺贝尔物理学奖得主理查德·费曼（Richard Phillips Feynman，1918—1988）曾经和一位来访的历史学家有一段对话。这位历史学家看到了费曼的笔记本，他说："我非常高兴能够看到你思维过程的精彩记录。""不、不"，费曼反驳道，"这些不是我思维过程的记录。他们就是我的思维过程本身，事实上我的思维活动都是在纸上进行的。"

历史学家说:"工作是在你的脑子里完成的,但他们的记录是在纸上。"费曼继续解释道:"不,这不是记录,这就是工作过程,我需要在纸上开展工作,这就是那些纸。"

费曼当时思考的工具是那些纸,在数字化的今天,就应该是第二大脑。就像纸张对于费曼工作的意义,我们今天要借助第二大脑,才能更好地思考。而记录本身,就是思考的工具,也是第二大脑最关键、最基础的工作。

3

大障碍:日常的想法难以记录

关照你的心念,因为它很快就会变成你的思想;关照你的思想,因为它很快就会变成你的语言;关照你的语言,因为它很快就会变成行动;关照你的行动,因为它很快就会变成习惯;关照你的习惯,因为它很快就会变成个性;关照你的个性,因为它就会是你的命运。

前面讲了误区,误区是一种错觉,源于我们的认识不到位,没有认识到记录的重要性,除了两个误区,建设第二大脑还有一个巨大的障碍,就是我们认识到记录很重要,但缺乏有效的方法,想做却做不到,结果也导致我们放弃。

我们前面谈到过，第二大脑可以记录、保存你头脑中任何有意义的想法、你看到的任何有价值的信息、你正在实施的所有计划和项目、你获得的所有启发和收获等等，即想法、心得、计划、行动、行程，也可以是任何信息的摘录。

在所有这些信息中，最有价值的信息是什么？最值得记录的信息是什么？很多人会说是名人名言，因为它们代表了人类历史上最伟大的智慧。我的答案是否定的！最有价值的记录应当是你自己的想法和感受，这是你第二大脑中最独特的一部分。这将是你所有记录中的金矿，是你人生的精华，如果一个人不去了解、记录、追踪自己的想法和感受，你就错过了自己所能拥有的、最好的宝藏，但要打开这座宝藏确实很难，一个人需要很努力，就像用斧头不断地砍向冰封的海洋。

我们一般认为，特别重要的事都不会经常发生，甚至一生只发生一两次，所以我们会忽视每天都在重复发生的事，认为这都是小事。但情况可能恰恰相反，正因为这些事情不断重复发生，所以对人生的影响其实很大。你这么想之后，再盘算一下人的一生，吃饭、睡觉、和朋友聊天、坐车、锻炼、看电影等等,哪件事情发生的频率最高?答案是想法,即动心起念。仅仅是一天中,一个人也会产生几十个甚至上百个念头和想法。这些想法会诱发我们的情绪,决定我们的行动,影响我们的人际关系和身体健康,甚至是事业成败以及人生的方向。结论很清楚,人生最重要的事就是管好自己的念头,无论是追求高效的有识之士,还是希望这一生能好好过的人莫不致力于此,所以古今中外的修行者才把这件事当成第一要务。要管好一件事,首先要能看见,但偏偏念头看不见。一个人头脑中的想法就像天空,念头就像没有固定形状的云,一念生一念起,一念兴一念灭,就像云卷云舒,云聚云散,这些念头既繁且杂,它们四处游走,没有依托,有的还瞬间生灭不留痕迹,所以想法非常难以管理,99%的人在这件重要的事情上花的时间接近于零。

如果我们把大脑中每一次的动心起念记录下来,进行分析和管理,也就是"想法管理",人生可能会更加高效,也可能会更加幸福,而且当所有的念头变得清晰并且聚拢起来,它们也有可能会带来一些不一般的发现。

历史上有人做过这样的尝试,而且颇有收获。一千年前,西藏有一个很有名的大德高僧潘公杰,是西藏高僧阿底峡（982—1054）的弟子。潘公杰善于下围棋，他总是随身携带一副围棋，他修行的方法是近距离审视自己的情绪和每一个念头，当一个善念出现时就放一颗白色的棋子，一个恶念出现时马上放一颗黑子，这样到晚上，他就数一数棋子。开始的时候黑子特别多，白子很少，他就自己打自己的嘴巴，批评自己说："你还算人吗？因为你有恶念，在苦海中轮转了多少世？还嫌受苦少吗？"这样他就能在任何错误消极的想法一出现的时候，就驱除它们。如果一天下来，白子比黑子多，他就表扬、鼓励自己。他每天这样痛责自己，破除恶性，过了数年之后，终有一天下来全部都是白子，一颗黑子也没有了，他的修炼也就成功了。

潘公杰的做法，只是对一个想法的性质进行是好还是坏的判断，并没有记录每个想法的具体内容，难道我们不能每时每刻质问自己，刚才我在想什么，这是一个好念头还是一个糟糕的念头，然后记录下来吗？我做过尝试，这确实很难，有一段时间，我思考死亡这个主题比较多。我会在联想到死的时候，在我自己的记录表上画上一个标记，然后晚上算算这个念头在一天之内自己到底想过多少次，即便如此也很难坚持下来。更多的时候，我只是在晚上睡觉前回忆一下全天的想法，写上两三段话就算是对一天的分析、总结和反思了。

困难具体在两个方面。第一，我们的动心起念非常频繁。在我们的大脑里，每天都会有很多想法产生、消失。一个念头的产生，有的快，有的慢，大部分时候这些想法又自然而然地消失了，没有任何东西留下来，就像云从天空飘过，飞鸟在天空振动翅膀，都没有留下痕迹。英国小说家托马斯·哈代（Thomas Hardy，1840—1928）有一首名诗，叫《一个星期的七天》，他描写了一位恋爱中的男性在七天之内对自己情人态度的转变，从第一天决定分手、到第二天有一点想念、第三天回忆和感念增多了、第四天决定回心转意、第五天想得心痛不能自制、第六天重新认识到情人的完美、到星期天认为再不见面就活不下去了！所有恋爱过的人都知道，这位男性的七个念头完全可能在一天之内，甚至一个上午之内全部发生一遍。我们必须承认，我们自己也记不清自己产生过的每一个念头，我们的行动、决定和决策，往往取决于当时头脑中最新的，或者印象最深的那个念头。

一个星期的七天

星期一那晚我关上了我的门,
心想你再不是我心里的人,
以后见不见面都无关紧要。

到了星期二的晚上我又想到,
你的思想,你的心肠,你的面貌,
到底不比得平常,有点儿妙。

星期三的晚上我又想起了你,
想你我要合成一体总是不易,
就说机会又叫你我凑在一起。

星期四的晚上我思想又换了样,
我还是喜欢你,我们不妨
亲近地住着,管它是短是长。

星期五那天我感到一阵心震,
当我望着你住的那个乡村,

说来你还是我亲爱的,我自己人。

到了星期六你充满了我的思想,
整个的你在我的心里发亮,
女性的美哪样不在你身上?

像是只顺风的海鸥向着海飞,
到星期天晚上我简直发了迷,
还做什么人这辈子要没有你!

第二,除了念头多,想要记录的时候不知道记录哪一个,还有一个问题就是,即使马上拿起笔,这些念头也会因为找不到合适的词语而很难记录。有的时候,我们对一些事情有模糊的想法,提笔来写,却发现找不到借以依附的词句。那个想法就像一只草履虫,随时可以变形,而一犹豫,它们就变成一些更含混的形体,互相吞噬,马上我们自己也把它们忘记了。还有的时候,我们对一件事深思熟虑,会感觉大脑中某个想法清晰了、成熟了,思绪像波涛一样翻滚,像野火一样燃烧,但奇怪的是,当我们一旦开始想把它们记录下来、写下来,波涛和大火就变成了微微的波纹和星星之火，只能写出干巴巴的一两段话，就持续不下去了。

那怎么克服这个障碍呢？老实说，这个障碍我也常常碰到，我的经验也很有限。首先，很多人认为自己大脑里有想法却表达不出来，这是一个表达能力的问题，是自己词汇不够，如果词汇量大就能表达复杂的思想。我认为这和词汇量有关系，但关系不大，属次要原因。一件事情能顺利表达出来，是因为我们的大脑对它有清楚的判断，而难以表达出来的事情，在我们的大脑里往往是模糊不清的，至少没有清晰的感受，或者感受比较琐碎，或者感受中存在冲突的认知，缺乏整合，且不统一。即使未来有了脑机接口的技术，可以将人的意识直接传送到计算机，这些模糊不清的意识也将同样无法上传。我有一个经验，有时候晚上睡不着，在床上翻来覆去，这是心里有事，但具体是什么事又不是很清楚。很多人在这个时候仍然躺着，但我会坐起来，把心里的事一件一件写下来，梳理清楚，然后明确告诉自己，这些事情分别有多重要、有多难，我会给它们打分、排序，然后又列出我将用多少时间、花多少力气去解决这个问题。当一切变得清晰，再上床我就能快速入睡。这是我的第一个方法，概括起来，就是通过量化去对事情进行梳理,尽量使它们清晰起来。当然,最后达成的效果也就是我们前面提到过的"大脑卸载",把负面问题从第一大脑中拿出来,否则这些问题一整晚都会像颗子弹一样在脑袋里窜来窜去,造成破坏。

另外,很多时候我们对一些东西确实说不清楚,无法记录,这个时候我就会给这种东西取一个代号,例如 A 或者 X,然后在字母之后紧跟着一个括号,括号里面会用一两个我能找到的、最接近的词汇去描述这个 A 或者 X,当然这一两个词汇很多时候是很概括的,我只能尽量找到合适的词汇。这个过程最重要的是用这个字母完成对这个说不清楚的东西进行命名,这些东西在我们的意识中原本没有"名字",对于这些没有名字的感受和情绪,我们自然难以表达。就好像我认识一个人,但不知道他的名字,当我想要向其他人介绍这个人的时候,只能说出他的一些基本特征来指代他,但听的人还是不知道这个人是谁,因为我说不出他的名字,就说不清楚。通过先用一个代号来代替,我们可以先记录下来,等待时间和机遇,有的时候类似的感觉会再次出现,我们就停下来,让自己更加细致的感受,再次去描述它,力争更加准确,直到它清晰为止。很多时候,通过静坐、独处、冥想的方式,也能有所收获。

4

两种建设方法

探讨了第二大脑建设过程中常常产生的误区以及最大的障碍，我最后还想在总体上来谈一谈第二大脑建设的方法论，以及方法论背后应该持有的价值观。

第二大脑的建设有两种方法，第一种是从下到上、由底至顶的方法，这种方法是先大量的记录，勤于记录，并不着急建立结构。

勤于记录就是随时随地准备记录，只要碰到有价值的东西，就记录下来。要求随时随地，还有一个原因，就是人类的一些好的想法即灵感，它们往往不期而至、闯入意识，而且就像大海里的一个浪花一样，转瞬就消失了，难以重现，所以需要马上记录下来。

我们的前人要做到随时随地记录非常难。他们必须在口袋里装上一个小笔记本和一支笔，只要出门，都必须携带，以记下一些突如其来的见闻和想法。达·芬奇（Leonardo da Vinci，1452—1519）是世界历史上公认的一位天才，他在艺术、科学和工程领域都做出了杰出的贡献。他同时代的人回忆说，"达·芬奇有一种做记录的本能"，他在腰间挂了一个小本子，随时记录周边发生的事情和自己的观察，甚至动手画下来。直到今天，全世界的博物馆还保留着达·芬奇的7000多页笔记，而这还不到他全部笔记的四分之一。"在纸上做笔记"被后人认为是达·芬奇惊人创造力的一个重要来源。爱迪生（Edison，1847—1931）也是随身带着一个笔记本，随时随地记录，爱迪生去世以后，后人在他的房间里发现了3500个笔记本。

对于达·芬奇、爱迪生这样的记录者而言，一个巨大的挑战是，可能正在和同事、朋友的谈话中，突然要中断谈话、吃饭或者其他的活动，掏出自己的笔记本，低头进行记录，这个行为难免被视为怪异，产生社交尴尬。但在今天的时代，这种尴尬已经不复存在，因为即使在公共场合，我们也可以随时掏出手机，在上面写几个提示词，大部分人都不会认为这是不礼貌的行为。在我一个人的时候，办法会更加灵活，我一般会对着手机给自己发一段语音，可能就是一两句话，回到家再转成文字，整理到第二大脑中去。这个整理的过程也可以视为重新思考的过程，经过二次思考，信息的质量就会提高。

要坚持随时记录、马上记录，还有一个重要的原因，那就是人类的大脑比较喜欢的是和已有认知系统一致的信息，而倾向于忽略和忘记与自己固有知识体系不一样的事实和信息，而恰恰是这些信息价值巨大，一旦碰到，必须马上记下来。我的经验是，碰到这样的信息，必须停止手头的工作，在 30 分钟之内完整记录下来，否则很容易遗忘。

坚持随时随地记录的难点还在于一些场合的限制，例如在梦中和洗澡的时候。历史上有很多人在梦中产生过重要的灵感。谷歌的创始人拉里·佩奇（Larry Page，1973— ）关于搜索引擎的具体想法就是在梦中成形的，有一天他在梦中醒来，突然想到：如果我可以把整个万维网下载下来，然后将其中的链接保存下来，那会怎么样呢？后来他回忆说："我马上拿起一支笔记下了自己的想法，整个后半夜我都在纸上不断完善这个想法的细节，我越来越认为这是完全可行的。"

我的建议是把笔和纸放在床头,当你意识到你在梦中产生了一个好的想法,你最好马上醒过来,赶快记下来,如果想等到第二天早上醒来后再记,常常只会记得梦中产生过一个好的想法,具体是什么却想不起来。记录还不能太过随便,有一次,我感觉梦中有一个极好的想法,就强迫自己醒来记了几个字,等到早上起床再看,发现记录过于简短,不知道自己写了什么。

还有人在洗澡、上厕所和散步的时候产生了灵感,这个时候,我们需要随手就可以拿到的记录工具。在洗澡时产生灵感最有名的是阿基米德,据说他意识到浮力如何计算之后,兴奋得光着身子跑出去了。在本书的写作过程中,我也有过类似的经历。有一次在洗澡时,突然产生了一个章节的具体框架,于是我停了下来,马上走出浴室,拿出一个笔记本快速记下大约3页的想法,然后放在一边,后来回头看这些内容实际上完成了这一章节的大部分构思,堪称一大半最重要的工作。散步的时候产生灵感的人就更多了,可以说数不胜数,很多思想家、科学家都有固定时间散步的习惯。

随时随地收集而来的信息,一般来说没有计划,主题是零散的，在第二大脑中每增加一个这样的信息块，都要思考它和已经有的信息块是什么关系，是不是可以合并。联系不会自动产生，它需要经过我们的思考产生。对一些暂时不能下结论的信息，我们可以把它们放置在日志的页面里面，这意味着日志页面需要不断地回顾和调整。

随时随地的收集本质上是一种碎片化的收集，就像蜜蜂采蜜、蚂蚁寻食，来自一点一滴的日常积累，它符合我们生活的本质。我们的生活是一点一点叠加演进的，我们的思想更是如此。凭借随时随地的记录，我觉得自己有了依靠，可以逐步增加我的知识，并且一点一点把它提高到我平庸的才智和短促的生命所能容许达到的最高高度。

第二个方法是主动设计，对第二大脑的建设主题自上而下进行计划，进行多线性的完善。

另外一个重要的方法是养成一个习惯，经常到自己的第二大脑中去逛逛，我会关注到哪些主题反射区已经完善，哪些有待完善，判断的标准就是神经元多不多、有没有形成反射分区。其实逛多了，甚至潜意识里就知道，我们的第二大脑缺什么、需要补什么。然后每隔一段时间，例如一个季度，给自己分配3—5个的反射区，围绕这几个主题进行思考。这些主题可以是抽象的，也可以是具体的。有些是我们内心深处的渴望，而另一些只是突然的兴趣，还有一些是关注如何在专业上取得成功，另外一些更加普遍，是如何过上更好、更幸福的生活。

例如，我前面谈到本书刚开始动笔时我搬了一次家，孩子们面临着新的社交环境，他们怎样才能交上新的朋友呢？我希望能给他们一些指导，所以我确定了一个"友谊"的主题；那时候我还在关注阿尔茨海默病，关心这个主题是因为对自己和身边人健康的关注；同时我关心的另外一个主题是"幽默"，因为我那段时间读到一句话：幽默是和人相处最好的方式。这句话触动了我，我预计到它可能会改变我的生活态度和人际关系，于是希望在这方面收集更多的观点和事实。

一旦确定主题，这些主题就会在我的脑海中不断盘旋，每天至少有一个保持活跃，其他的一两个可以处于休眠状态，每次我在听到、读到新的信息时，我都要针对这几个主题进行提问，这有关系吗？有帮助吗？我对自己的要求是，每天至少做三则记录，这三则记录至少要有一条和自己计划中的主题相关，也可以全部和某一主题相关。这个过程，我只追求有启发、有价值的观点和事实，并不寻找固定的、终极的答案。

之所以要设置多个主题,是要给自己灵活度,让第二大脑可以多线性的发展。就像一个农夫,既要种瓜也要种豆,今天种瓜不顺利,就转头去伺弄豆,这个主题没有收获,就去看看另一个主题,东边不亮可能西边会亮。从来不拔苗助长,强迫任何一个瓜或者豆马上结果,有的时候还会发现各个主题之间也有关联和参照,就像种瓜的经验也能用来种豆,相互裨益。用这种方法为第二大脑收集素材,时间久了,地里不结出瓜,也会结出豆,也有可能瓜和豆都丰收。这是一个瓜熟蒂落,水到渠成的过程。

如果每个季度可以关注 3—5 个不同的主题,一个季度一次轮换,那么一年下来,我们可以关注完善 12—20 个主题反射区,这是了不起的成就。每个主题反射区并不需要绝对完善,只要有一点规模和样子就好了,如果你已经在这个反射区形成一两个以上的片区,那下一阶段的任务就是建设某一特定的片区,其实完不完善不需要绝对的标准,因为同一个主题的任务可以在一年或两年后再次重启。

从上至下设置阶段性主题,进行多线性的建设,这个方法也契合我们生活的真正需要,人生要走过少年、青年、中年、老年等各个阶段,会有不同的经历,需要解决不同的问题,我们在不同的阶段就应该带着不同的问题去生活,去思考、去收集资料。

上面讲了由底至顶、从上到下建设第二大脑的两种方法,那究竟哪种方法更好呢?我的经验是交替使用,建设的初期肯定是由底至顶,先广泛地记录,有了一定的基础,再根据我们生活的真实需要,对各个主题逐一进行完善。这个过程可以多次重复,也必须多次重复。

无论是由底至顶,还是从上到下,有一个难题我们经常要面对,那就是我们不时会碰到一些信息,我们看不太懂、我们自己对这个问题也没有自己的观点和见解,但又觉得它好像很厉害(即不明觉厉),未来的某个特定时候可能有用,那应该怎么办呢?

我的态度是,除非我们对我们不知道的事情有足够的了解,否则我们永远无法知道我们不知道的事情。要对不知道的事情有了解,就要接收到有价值的新信息。我们前面谈到过,你是个什么人,就接触什么信息,有些信息你永远接触不到,或者接触到了,你完全不能理解,纵使相逢应不识。所以当我碰到一些新的、似懂非懂的信息之时,我会睁大眼睛,珍惜缘分,先把它保存下来。

当我们看到一段信息没有感觉的时候,我们事实上是不知道它说的对不对，因为世界上胡说八道的东西非常之多或者可能是我们自己的能力不够，即使面对一个好东西也暂时无法理解。在这两种情况下，我们只能借助于信息来源这个信号来做判断，例如这段话是莎士比亚说的、是托尔斯泰说的、是歌德说的，我们就要慎重对待，多怀疑一下自己的理解能力。当然，这个方法的作用仍然是非常有限的。但除此之外我们别无他途。面对不懂或者无感，即使这是一段具有真正价值的信息，我们只能对其不置可否，放弃进一步的思考和行动，把它交给时间，期待与这段信息再度邂逅之时，我们会拥有不同的感觉，出现新的答案。

而等到有一天我们重新邂逅，并获得理解和顿悟的时候，那就是我们巨大的成长。一年中，我偶然也会产生这种感觉，那是人生的顿悟，好像豁然开朗一样，那种感觉非常宝贵，会让我们庆幸我们在第二大脑里做了足够的准备。

本书讲到这里，已经覆盖了建设第二大脑实操方面具体的技能、步骤、方法，也涉及了理念方面的误区、障碍还有宏观层面的方法论、价值观，第二大脑的建设就要告一段落了。这是一个可以改变你一生，帮助你打造自我、引领你迈向成功的信息工程项目。在今天这个绝对的信息时代，我们做任何事都离不开信息。信息的记录、搜寻、管理和使用，决定了一个人一生的发展。如果在任何时间和任何地点，我们总能找到我们需要使用的信息，那就意味着一帆风顺、万事如意。这正是我们建设第二大脑的目的。

但是，这个可以改变你一生的项目真的就这么简单吗？

说简单，因为其中确实没有更多的秘密。我们很多人的观念和思想有一个巨大的误区：他们认为成功的人背后一定掌握了什么秘籍心法，这些秘籍心法非常高大上，非常复杂、高超，一般人学不会，他们更愿意相信那些取得杰出成就的人就是掌握了这样一些不同寻常的秘籍和心法；同时他们鄙视一些简单的方法，他们一听简单的方法就认为这不会管用，对它不抱任何希望。其实，这是错误的，大错特错，人生最重要的方法和道理，其实很多人在小学就已经听过，甚至已经学过，他之所以不成功，这个事也做不好，那个事也做不好，原因是他从来没有认真使用过最简单、最朴素的方法，为了解释他的不成功，他就在自己的思维中造出了一些复杂的秘籍心法，然后用自己没有机会掌握这些复杂的方法来安慰自己。

无论是记录、动态整合、分析，还是网状立体结构、图谱和互文，都是简单朴素的方法。尤其记录，说起来它很简单，就是把它写下来，正因为简单，从古至今，它遭到了无数人的忽视，很少有人能真正地认识到它的价值。如果我们去回顾、梳理人类个体发展和成功的历史，我们就会发现，记录这个行为，是人类历史上迄今为止在迈向个人成功方面最被低估和最少使用的做法。第二大脑给了我们一个新的机会，它将这个古老的方法和最新的技术联结到了一起。现代人要重拾记录。

第五章

正在改变的个人遗产和家族传承

你是个什么样的人？你想留下什么样的遗产？当你的数字虚拟人在你离开世界后的某一天从网络空间中弹出来的时候，你希望他和你的后代说什么？10年后、100年后呢？

1

个人的真正遗产究竟是什么

> 你活着的时候应付不了生活,就应该用一只手挡开点儿笼罩着你命运的绝望,同时,用另一只手记录下你在废墟中看到的一切。
>
> ——卡夫卡(Franz Kafka,1883—1924)

人到中年,我常常思考,人这一辈子转眼间就过去了,我们能给后代留下什么,又应该留下什么呢?是金钱、珠宝、汽车、游艇、房产等物质财富吗?还是知识,抑或是精神呢?

几乎所有的人在为人父母之后都会不同程度地考虑这个问题,不同的是,有的人想得不深,不愿多想,其中一个原因可能是他们赚的钱只够谋生，终其一生并没有任何有形的财产可以留下。但我认为，恰恰是他们应该多想。人的生命都是有价值的，即使没有物质财产可以遗留给后人，他们也一定有东西可以供后代继承。

而且真正的财富肯定不是金钱和物质。中国清朝的林则徐说过一句话：

子孙若如我，留钱做什么？贤而多财，则损其志；子孙若不如我，留钱做什么？愚而多财，益增其过。

大概的意思是，把钱留给子孙完全没有必要：子孙如果很贤能，财产多了就会损害他们的意志；子孙如果平庸愚蠢，财产多了就会增加他们的过失。林则徐的观点令人称道，但我认为还有一个现象他没说到，子孙如果不能干，我们把大额的遗产留给他们，只会吸引一群心怀鬼胎的人在他们身边觊觎这些财富，像鱼鹰环绕在鱼篓旁边打着鱼的主意一样，这会直接害了他们。犹太人也用一句话概括了这种现象：因馈赠得来的产业，终久不为福。还有，某些父母在年老的时候会特别为难，因为财产的分配是一个棘手的问题，是应该留给努力乖巧的孩子多一点儿，还是给不成才、不争气的孩子多一点儿？"还是给老大多一点儿吧，毕竟老二那么能干！"一旦用心良苦的父母做出这样的决定，其他儿女就会认为不公平。我们在小说、电视连续剧和现实中都看到很多这样的场景：因为遗产的分配，豪门巨富之家的子孙后代之间反目成仇，兄弟姐妹终生不再往来。

真正的财富是什么呢？我认为留给孩子最大的财富是自己一生经历的总结，也就是知识和精神。回顾历史就很容易发现，留下财产的人千千万万，但历史和后人不会真正记得他们；相反，留下有价值的知识和精神的人会被载入史册，被后人铭记。这些人虽然死了，但他们又像一直活着。有一些物质财富，例如图书馆、博物馆、奖项、专注公益事业的基金，因为它们标榜的是知识和精神，也是很好的遗产。

当然，不是每个人都可以为人类的知识和精神做出突出贡献，为后世人类所铭记。但对于普通人来说，不管这一生是精彩还是潦倒，是成功还是失败，毕竟为人一世，经历了几十个春秋，多少都有些对生命的感悟。这些感悟才是人修行的根本，将这些感悟变成文字、视频、音频等多种形式，留给自己的后代，让后代可以借鉴自己对生命的感悟,这是一个人对后代和家庭应该尽的责任,也是最好的遗产。

所谓家族的遗产主要是指代际相传的集体意识、价值观、性格特征、行为模式,它是通过父母家人对其后代的成长施加影响来实现的,这些东西传承、转移到一个人身上,可以成为影响其命运的重要因素。当然,即使以知识和精神的形式传承,家族遗产也并不都是好的东西,有些是资产,有些是负债。一个人要完全继承好的东西,从负债中解脱出来,必须有意识地对家族遗产进行梳理和研究。

我相信,即使零散的知识和精神,也是可以传承和永生的,就像人的基因一样。人有成千上万个基因,它们在不同的后代身上有不同的组合,你的任何一个后代都不可能继承你所有的基因,但你所有的基因都会在后代中继续存在。知识和精神也是这样。

我的父母退休以后,我请他们各自给孙辈们留下一些记录,一些值得自己重提的经历和故事,特别是人生的经验,包括他们所目睹的人世沧桑和变迁,我请他们把这些记忆归纳成三句话和三件事。他们采纳了我的建议,写下了他们从少年到老年一些值得回忆、有意义的经历。最近我们开始把这些故事分享给他们的孙辈。我能看出来，父母对于这些经验和经历可以流传下去，让孙辈记住并且从中受益，感到十分高兴和欣慰。

但在知识和精神的传承中，也确实存在一个问题。相比金钱和物质，知识和精神没有一个固定的外在形式，好像比较抽象，不好继承，有的时候还是只言片语的传承，零散的几句话，缺少前因后果，给继承增加了难度。

如果我们认同知识和精神是最好的遗产，那我们就不难得出结论，记录一个人生活和思想的第二大脑，可以说承载了一个人所有的知识和精神，将会是一个人最重要的、最好的遗产。第二大脑的出现也会让知识和精神的继承更加方便、可行，因为它就是一个载体，一个可以承载知识和精神，并将其更好传承下去的新形式。

当然，我们在现实生活中还找不到关于第二大脑传承的典型例子，但我们可以从历史中找一些参照。如果说近代中国历史上有一个最接近第二大脑的例子，我认为那就是曾国藩留下的家书。我在前文曾提到，清朝的名臣曾国藩非常勤于记录，即使是行军打仗、骑马坐船，也每天保持至少三则记录，终生不辍，他的家书在中国近代史上有深远的影响。

《曾国藩家书》是一部曾国藩的书信集，该书收录了近1500封曾国藩写给父母、子女和亲友的书信，跨度30多年。这些书信不仅历时长、数量多，而且内容涉猎极为广泛。有记事的、有阐述观点的，也有抒发情感的，大到国家大事、行军打仗，小到自己的修身、读书、交友以及家庭琐事，无所不谈。

曾国藩建立的功业我在此不赘述。毛泽东曾说近百年来他独服曾国藩，蒋介石也是他的粉丝，据说蒋介石在忙到没有时间给儿子写信的时候，便写个条子，指示儿子去读曾国藩家书哪一页、哪一段。我读过曾国藩的传记和部分家书，深谙他的伟大皆源于在平凡中不懈的追求。

曾国藩出生在普通人家，有人考证过他的家谱，上溯到宋朝，也没找到一个当官发财的，其祖宗八代都是农民。从他的家族和他早期的经历来看，他的天赋也是一般。他的父亲到50岁才考中秀才，曾国藩考秀才也考了7次，直到22岁中秀才，27岁中进士。曾国藩后来率兵围剿太平天国，一开始打了很多败仗，有两次被逼得几乎无路可走，甚至想投水自杀，一死了之。

曾国藩这个人究竟有什么与众不同的地方呢？我认为他终生的成功都和勤于记录这个好习惯有关。虽然当时没有第二大脑的概念，但他终生的努力和第二大脑要做的事非常相似，就是通过不断地记录，在反思、总结、行动中完善自己。曾国藩长期坚持写日记，一开始他也是写写停停，但他后来认识到，写日记不是随随便便地记流水账，而是要用恭敬的心来记录，通过记录，每天对自己进行反省，从生活中的每一个细节来打磨自己。他从31岁开始，每一天做了什么，说了什么，都尽量详细地记录，并一一反省，这个习惯一直坚持到去世。曾国藩对于自己的缺点也是毫不隐讳地记录。例如，他年轻时喜欢看美女，有一次在朋友家看到别人家的老婆妩媚动人，忍不住多看了几眼。回到家看到自己的老婆长相平平，还有几分病恹恹的，顿生厌恶之心。他在日记中痛责自己，要求自己改正。

在曾国藩的日记和家书中，处处都是这样的例子。例如，他在长期使用官员的经验中发现，一个有大才能的人，往往具有说话语速迟缓、走路稳重、不抄近道的特点。于是他常常在家书中这样告诫儿子，并且询问他们"说话迟钝、行路厚重否"，他在书信中也会交代"要勤洗脚""少坐轿子""勤做读书笔记"这样的小事。遍检《曾国藩家书》，你会发现类似"自省""戒骄""畏慎""耐烦""耐劳""收敛""惜福""自重""勿忘先世之艰难""少用仆婢，少花银钱，少管闲事，少断是非"这样的语句都与反思和行动有关。

我们在前文对记录的作用已经有不少探讨，简单地概括，记录最少有三大功能：第一，保存记忆，为思考积累素材；第二，人脑借助记录展开思考，完整的记录本身就是系统化的思考，也可以说记录本身就是思考；第三，记录塑造自己的观念和行为，我们记录什么，我们才可能成为什么，记录帮助我们一点一滴地打造自我、成为自我，建立价值体系。

有些人确实记录了，也确实思考了，他们听过很多道理，在第二大脑里摘录了很多名言，但依然过不好这一生，原因就是缺乏反思和行动，也就是不知道如何把这些新的知识转化为自己的行动。即使听到再多、再精彩的信息和做法，只是惊叹，然后摘录到第二大脑中，但在日常生活中却没有能力贯彻这些新的东西。而曾国藩的成功之处在于他不仅记录，还反思、调整自己的行动，他其实做了三件事：

第一，记录。把当天遇到的人和事记录下来，包括自己的情绪、想法、是否有不愉快等。

第二，反思。就某个点、某件事进行剖析，比如为什么会有这种情绪？由什么引发？我的判断是什么？我为什么会有这种判断？这种判断是一时的，还是一种固有的模式？我怎么做才能避免或者强化？

第三，提炼。反思到最后，提炼、浓缩形成一两句话的行动指南，用以指导自己的生活，并在实践中不断修正。

留有这样的家书，后代将会在阅读书信的时候，领悟曾国藩的经历、知识和精神。曾国藩毕生真正的财富才可能在家族的繁衍中不断存续。我们可以看到，曾国藩不仅带出了三位大将之才的弟弟，还培养出两个优秀的儿子。长子曾纪泽是中国近代著名的外交家，次子曾纪鸿是一名数学家。更为重要的是，有人考证过他的后代，9代近300人，竟然有一批都成了中国近现代史上的杰出人物，他们都有名有姓，分别在数学、化学、艺术、医学、科技、农业等各个方面做出了突出的贡献。再看看那些当年跟着曾国藩一起出将拜相、升官发财的众多同僚，其后人却乏善可陈，鲜有名人大家。这个对比是基于事实，对比的结果也是很鲜明的。

我想，曾国藩家族的人才兴旺应该和《曾国藩家书》有关。今天这部作品已经不只属于一个家族，而属于整个人类，我主张用新的形式，例如标签、图谱、神经元、反射区、中枢、大脑皮层等现代的形式来重新整理这些资料，形成曾国藩的第二大脑，以方便给后世更多的人使用。

如果后世有更多的人拥有第二大脑，那他们甚至不用为自己能否留下知识和精神的遗产而焦虑，因为第二大脑本身就是最好的遗产。历史上有一些人害怕死亡，他们并不是害怕死亡本身，而是担心自己的知识和精神不为人所知，不能被后人传承。美国的苏珊·桑塔格（Susan Sontag，1933—2004）是20世纪全世界最引人注目的女性知识分子，她以敏锐的洞察力和广博的知识著称，发言和著述的范围很广，一度被誉为美国社会的良心。在她生命的最后几年，她先后被确诊患有乳腺癌和血癌，血癌在当时的致死率是非常高的，几乎没有人可能康复。但桑塔格不愿面对现实，她认为自己使命未达，书也没有写完，无论如何她必须活下去，所以直到她生命的最后一个月，她都拒绝谈论死亡。而她身边的人也不得不编故事来配合她，想方设法地满足她的虚幻愿望。最终，她的生命只延续了一个月。我想说的是，如果有第二大脑，她就不必这样焦虑，事实上，她想写的书已经在她的第二大脑里面了。她需要做的只是把第二大脑里面的东西加以梳理，然后出版。她的助理、她的后代其实也可以做出来，和她个人亲自来做相比，效果并不一定差。事实上，她的后代也确实这样做了。桑塔格的儿子在她去世之后，把她留下的日记和笔记编辑成了一本书出版。

2

普通人将拥有的不朽之路

人类很早就意识到,人的生命有限,个人遗留的价值要跨越时空,要实现不朽,唯有通过历史记录。孔子说:"君子疾没世而名不称焉。"欧阳修(1007—1072)又说:"著在简册者,昭如日星。"这两人的意思分别是:一个人到死而名声不被人称赞,君子应引以为恨;人的名字如果能写在史书之上,就会如太阳星辰一样发光,照耀千秋万代。中国唐代史学家刘知几(661—721)下面这段话更是把这个道理讲得通透:

人生于天地之间,如蜉蝣一样活着,像白驹过隙一样转瞬即逝,最后会耻于当年未立下功名,至死都默默无闻。上至帝王，下至黎民百姓，近的如朝廷官员，远的如山林之人，莫不急切地、不懈怠地追求功名。这是为什么呢？都是为了"不朽"。什么是"不朽"呢？就是好名声写在书上永远流传。

我们每个人都渴望不朽，但在过去，只有成为名人、伟人，才可以写入史书，被后世所铭记。芸芸众生中又有几个人能建功立业、成名成家，最后为历史所详细记载呢？

今天信息技术的发展迎来了一个新的机遇，除了本书所探讨的第二大脑，今天的现代人还拥有电子邮件、聊天、照片、视频、消费、存款、医疗、教育、接受公共服务等大量的数据，这些信息被称为数据遗产。当这些数据足够多并且汇聚在一起的时候，就可以给人工智能提供算法，以期开发一个生命算法，创造一个新的数字化生命，也就是数字虚拟人。

这个虚拟人会有表情和声音，这意味着一个人的形象可以长期留存，并保持生动和鲜活。在所有的资料中，视频是动态的方式，因为它具备连续的声音、动作和画面，这是文字记录和照片所无法企及的，毕竟一个人的声音、容貌、举手投足才是最有感染力的。如果我们和另一个人对话时，不仅能听到他的声音和口头禅，还能看到他的面部表情和身体姿势，那就是我们迄今能想象的一个人保持不朽最好的方式。第二大脑拥有视频、照片以及个人所有的数据遗产，还有我们以上所提到的算法，它们所创造的数字虚拟人将永远留存在数字空间，让一个人实现数字化的永生。

未来已呼啸而来，数字虚拟人将会成为纪念逝者最好的方式。我们的后代可以和我们的数字虚拟人对话聊天，那个时候，他看到的不仅仅是文字，听到的不仅仅是声音，他看到的是一个立体的、栩栩如生的人，不仅有面部表情，还有动作和姿态。因为我们留下了不止一张脸部照片，还有大量的全身照片，这就是基于三维模型开发3D数字虚拟人最好的素材。这样的技术已经出现并已经在快速走向成熟。

和我们的前人比起来，这是不得了的事情。牛顿和爱因斯坦可谓青史留名，牛顿的运动定律、爱因斯坦的相对论都是以他们的名字命名的，他们还留下了一些广为传诵的故事。爱因斯坦因为生活在照相机、录音机、摄像机已经发明的年代，他还留下了一些照片、录音和视频，牛顿则没有留下。但是即使爱因斯坦留下了大量这样的影像资料，他的形象在后代那里也是支离破碎、不尽如人意的。

这样的数字虚拟人就是一个纪念馆，一个真正属于个人的纪念馆，也可以说是一个电子墓地。一个活的、生动的、可以留言对话的电子墓地。

事实上，关于死亡的观念和文化，人类正在面临一个全面的、深刻的变革。

我认为人类现有的墓地会逐渐消失，人类对骨灰处理的最好方式将是海葬或者是树葬，电子墓地会逐步取代现有物理空间的墓地。我之所以做这样的预判，还有一个更现实的观察，那就是我们大部分人都会定期去给自己的父母和亲人扫墓，但当我们自己也离开了这个世界以后，第三代（即父母的孙辈）去的就少了，到第四代几乎没人再去了。所以100年之后，绝大多数人的墓地还是会被平掉，还是会从地面上消失。他们生活过的气息早已随着岁月而消失殆尽，在地球上难以找到他们曾经生活过的任何物理凭证。在这个世界上，我们能记住的只有前一两代人，对于历代祖先，如果没有足够多的记录，他们就像没有存在过一样。而在数字空间里，数字虚拟人、数字纪念馆持续的时间可能超过100年。

未来将没有墓地，但人类却可能记得更多的祖先，更好地纪念他们的祖先。

简单地概括，以数据遗产为基础，通过算法的机制产生一个虚拟人，投射出一个栩栩如生的数字化身。即使你与世长辞，你也可以将自己的想法、行为和个性留给后人去纪念、分析和继承。你的形象、思想和个性将如岩石一般留存在人间。这就是新的不朽，也是前所未有的不朽。

具体要如何实现，我在这里勾勒出4个步骤：

第一步：把一个人留下的所有资料全部数字化。

第二步：为这些数字化的资料加上元数据，并让它们结构化。

第三步：在这些结构化的数据之上，开发一个特定的算法，在这个算法的主导下，一个新的数字虚拟人产生了。它可以利用现有的结构化数据回答后代的问题，和后代聊天对话。你的后代可能会问出"你"完全不懂的问题，但算法会根据现有的结构化数据给出猜测和推断性的回答。也就是说，算法不仅要模拟"你"的大脑，也要学习，即使这个问题在"你"所有的知识之外，算法也可以进行回答。

第四步：开放这个算法的逻辑和参数，让听到回答的人知道哪些是源于算法的学习，哪些是基于"你"一生的事实和逻辑。

第五章　正在改变的个人遗产和家族传承

作为第一大脑的拥有者，我们要知道的是，我们的第二大脑、我们的数字化身一定比我们拥有更好的记忆力。如果它们像人类一样健忘，就要学习一种新的能力——遗忘，但很显然，我们不会把这种能力赋予它们。除了比我们拥有更好的记忆力，算法还会赋予第二大脑学习的能力。面对同一个问题，第二大脑可能会给出和第一大脑略微不同或者完全不同的答案。究竟会有哪些不同？这取决于我们留下的数据的数量和质量，我们现在还很难确定和想象。

这个算法甚至是在你离开这个世界之前就开始部署和使用的，我们可以提前把它部署在我们的第二大脑里。当一个人向自己的第二大脑提问时，他就可以看到回答，他对这个回答是否满意，是否认为其做出足够好的判断，为这个算法继续优化提供了可能，而算法的回答也为第一大脑做出判断提供了参考。脑机之间的互动就真正地产生了。这种互动就是一个第一大脑和第二大脑互相丰满的过程。

其实，第二大脑和第一大脑之间的互动现在已经产生了。我们常常会搜索自己的记录，以寻找某些相关的信息和记录。当我们的第二大脑形成体系的时候，这就是通过搜索对自己的第二大脑进行发问,以期寻找一个特定问题的答案。在我们在挖掘现有记录之后,可能会找到有限的答案,而且这个答案很可能令我们不满意,于是可能触发我们对原有的记录进行修改、补充和完善。这样一来,简单的搜索行为就变成了脑机之间双向的交流和讨论。通过这种互动,第一大脑和第二大脑都相应地得到了丰富和成长。

对于像曾国藩一样留下了大量个人记录的历史人物,他们没有第二大脑,没有对自己的生活进行数字化的记录。他们已经离开了这个世界,但是我们仍然可以把他们留下的所有文档进行数字化转化,然后保存起来,整理成一个类似第二大脑的东西。相比于他留下的传统家书,数字虚拟人"曾国藩"将会达到一种更高层次的不朽,后人也会更好地从其遗产中受益。

3

第二大脑如何继承

从上面的讨论中我们不难得出结论,第二大脑是一个人终生智慧的结晶和载体。在所有的数据遗产中,它居于核心地位,也可以说,第二大脑是个人数据遗产的核心。个人数据就是一种电子产品,可以一代一代地传承下去,它是一种新的个人遗产。而且电子遗产不同于金钱、房产等有形的物质财富,它很容易复制,可以多人同时享有。这就意味着我们的第二大脑可以留给不止一个人。

当然,我们可以通过我们遗嘱的具体条款来规定我们的第二大脑由谁来继承。我们可以留给我们的直系后代,也可以留给整个家族的成员,还可以留给我们的同事,甚至是图书馆,最后还可以完全或者部分公开,提供给所有的年轻人和整个社会。

如果一个人的第二大脑能保存200年，按照一代人25年来计算，就会有8代，你是由你的父母所生，你的父母又各自由他们的父母所生，8代算下来，一个人会有255个祖先，这个数量是呈指数增长的。如果保存到500年，那就会有20代，一个人的祖先将超过100万人，这么庞大的人群，如果他们的第二大脑都一一保留下来，传承到一个人的手里，那这些数字记忆会对我们的生活产生什么样的影响呢？

首先，当所有的人都留下自己的第二大脑，谁来支付保存这些第二大脑所需要的空间费用呢？随着社会不断走向数字化，这个费用可能会很低。但我们不要忘记，数字空间的内容可以保存几百年，每一个人保存第二大脑的费用虽然不多，但他在离开世界之后，费用会随着年月的递增而增加，因小成多。这提醒我们，如果真想要永存，我们在留下这份遗产的同时，可能也要规划一笔费用，让我们的第二大脑尽可能长久地保存在云端。算起来，这可能就相当于建设一块墓地的费用。

其次，正像我们可以从自己的第二大脑中获益一样，我们的后代也将从中获益。我们能获得什么收益，他们也将获得同样的收益。当然，很可能这种收益的效应会逐代递减。当我们面对一个难题需要解决的时候，我们可以向自己的第二大脑提问，我们还可以向我们继承而来的第二大脑提问，这些第二大脑可能不止一个，它包括父母的，也包括祖父祖母的、曾祖父曾祖母的等。当我们把从这些第二大脑中得到的答案，以及一些相关资料引入自己的第二大脑时，就会深刻地感受到，这种继承的行为就是一种智慧的传承。而且我们会发现，不管一个人处于什么时代，每个人的第二大脑都有可取之处，也会有可优化之处。

还有，我们对自己家族和家谱的兴趣可能会空前热情，远远超出对一般历史书的兴趣。第二大脑中记录着某一位祖先的生活、他的计划、他的想法，包括文字、表格、图片、视频和歌曲，你可以研究他的家庭、他居住过的地方、他获得过的荣誉、他的教育背景和工作事业，甚至他交往过的所有异性朋友。如果我们发现在某一祖父的第二大脑内部有一些明显空白的记录，在莫名的空白背后究竟发生了什么呢？我们可能会去尝试访问他的朋友和亲属的第二大脑，看看那个时间段发生了什么，或者他隐藏了什么样的秘密。我们可能会好奇，曾祖父的兄弟是如何评价他的,他们之间又有多少来往?我们也可能会对自己祖先的记录进行剪辑、编撰,创建一些表格和集锦,然后进行对比。也许我们会发现自己并不太像自己的父母,却和某位曾祖父有更多共同的观点、性格,甚至经历,就像我们可以在现实生活中发现孙子的一些行动比他的爸爸更像他的爷爷。如果这位曾祖父留下的资料足够多,那他可能已经自动生成了一位数字虚拟人,我们可能会跟他的数字虚拟人对话,请教"他"一些问题,从"他"的经历和回答中获得一些灵感。如果我们各位祖先第二大脑里面的记录足够完备、细致,注明了每次继承的来源,我们甚至还可以看到每一代人从祖先的第二大脑中到底继承了什么,到底有哪些东西容易继承,最有继承价值,那就会更丰富、更有意思了。

我们将会在更长的历史发展线条中清楚地看到,一个像曾国藩这样的人物留下的第二大脑,将会成为整个家族的财富和竞争优势,我们甚至可以为这样的结论找到更多的证据。

除了家人,第二大脑还可以传承给同一个公司、同一个行业里的同事、特定的年轻人,甚至未来所有的年轻人。今天的社会已经在走向高度的结构化、模块化,每一

第五章　正在改变的个人遗产和家族传承

个机构，尤其是大型机构，无一例外，都会明确地界定每一位职员的岗位职责、工作流程及细则。有一些机构人员的流动率非常高，例如军事机构和警察部门。我曾经在部队服役8年，对此深有体会。有句话说，铁打的营盘，流水的兵，军队的士兵就像人体的血液一样在不停地流动和更新。在服役期间，士兵和军官都要定期地轮岗，也可能随时被派往新的地点执行机动的任务。人员持续的流动需要一个高度模块化的架构来作为支撑，我认为这种场景将是最适合第二大脑发挥作用的地方。

当一个士兵轮换到新的岗位时，前任工作的各种记录，包括一些多媒体信息的记录会有助于他加快进入新岗位的速度。当他碰到专业的问题时，可以在前任的记忆库中找到准确的、基于事实的答案，而不是单纯依靠自己的理解和记忆。当他接受一个新的任务时，这对他个人是个新任务，但对他前任则不是，前任的第二大脑将给他提供足够多的资料作为参考，他可以立刻接触到与此新任务相关的所有信息，这就相当于新的工作人员接管了上一任工作人员的数字记忆库。借助第二大脑，所有前任的工作经验成了一份更加科学的记录，而不是存储在生物大脑中的模糊记忆。无论你是新任的司令员、参谋长，还是普通的参谋干事、连长、排长和战士,只要你拥有了来自第二大脑的资源,你就有可能在接受任命后马上就行之有效地投入新的岗位中。

我预测,还有一部分人的第二大脑将会进入各种图书馆、博物馆,成为它们的藏品,永远保留,并向公众开放。谁的第二大脑才有资格进入图书馆呢?他们可能是一些杰出的人物,例如政治家、哲学家、科学家、作家等。我们可以畅想未来的图书馆,它保存的完全不是图书,而是数字文件,它就在云端运行,和地域基本没有什么关系,每一个图书馆都可以成为服务全世界的图书馆。当然,一个图书馆要保存一位名人的第二大脑,也不是简单地提供一个存储空间,而是要具备能够对第二大脑中所有资料进行分析、分解、汇总的技术工具,方便所有的来访者查询才行。就像一个图书馆并不是将所有的图书堆积在一起,而是需要一个目录管理体系,帮助我们找到所需要的资料一样。

我也相信,除了名人的第二大脑,有一些普通人也会同意开放他的第二大脑。虽然大部分人的第二大脑不会完全地对其他人开放,但少数人可能同意把自己的第二大脑开放给一些值得信赖的研究人员,由他们去做更有价值的研究和引用。假如有人在百年之后公布他们的第二大脑以及其他的生活记录，即使只有 1% 的人，对研究人员来说，这将是一个他们从来没有拥有过、面对过的庞大的数据库。例如，我们可以汇聚同一时代的很多人在其第二大脑中对同一历史事件的记录和观点。例如在 2022 年 9 月，中国的统计部门曾经公布数据，2022 年 1—8 月中国利用外资同比上升 16.4%，这个数据和大家的感观相差很大，普通大众、经济学家、各种专家他们的个人看法到底是怎么样的？我们的后代也能从他们的第二大脑中找到真相。随着第二大脑的普及，各种研究人员，包括心理学家、社会学家、经济学家、历史学家都会进入千万个相关人物的数字记录库中去钻研、挖掘，并把这些数据作为他们研究的重要部分。

4

脑机协作是真正的未来

第二大脑正在进入我们的生活,就像拐杖、眼镜、鞋和自行车一样,第二大脑是实实在在地存在。我们借助它记忆和思考,就像我们的脚要借助鞋和拐杖走路一样。当然,这是我们从信息时代进入智能时代的一个标志。今天,当我们谈到未来,所有专家已经非常肯定未来是一个"人机协同"的时代,这个"机"并不是指普通的机器,而是具备一定智能的"机器人",人机协同是指我们和计算机、智能手机、机器人协同工作,共同完成一项任务。但我认为"人机协同"的说法还不够准确,工业时代已经基本完成了人和机器在物理上的协同,在智能时代,准确地说,最主要的任务就是第一大脑和第二大脑的协同,即

"脑机协作",脑机协作才是人类和机器最高形式的协同、最终的协同!

当前,第二大脑的相关技术还在快速地发展中,展望未来,有两大技术浪潮会对脑机协作的发展产生深刻的影响。

第一是全面记录。所谓的全面记录是指今天的人们可以把自己双眼所见、双耳所听、大脑所想、身体所经历的所有信息都保存下来。当然,现在我们说"所有",准确地说有些夸张,但不可否认的是,随着记录手段的普及,可记录的范围正在快速扩大,人类必然会用越来越多的数据来记录自己、家人以及朋友的生活。

几十年来,微软研究院的老研究员贝尔(Gordon Bell)一直在胸前挂着一台相机,照相机的镜头一直在工作,走到哪儿拍到哪儿,他还随身带着一个可以捕捉身边各种声响的录音机,他的目的是把自己眼睛所见、耳朵所听的图像和声音都记录下来。贝尔先生已经快90岁了,他在10年前还写过一本书,中文版叫《全面回忆》(浙江人民出版社,2014年),阐述这种记录的意义和好处。像贝尔这样全面记录的实践者还真有一批,例如美国麻省理工学院媒体实验室的德布·罗伊(Deb Roy),他在家里安装了 11 个摄像头、14 个麦克风，已经记录了数 10 万小时的影像和声音的数据。我身边有个朋友，决定每天不厌其烦地为自己的孩子拍一张照片、录一段视频，你算算，人的一辈子只有 3 万天左右，即使每天都给自己拍一张照片，那也就是 3 万多张照片。今天，在我们任何一个人的手机里都保存着几千张照片，换句话来说，这是完全可能的。

那么全面记录人的一生，究竟可不可行？

首先，在经济上是完全可行的。我在《数文明》（中信出版社，2018 年）一书中曾经估算过，假如有一个摄像头，对着一个人永不停歇地记录，那么一天约产生 4 吉字节（GB）的数据，100 年约产生 143 太字节（TB）的数据。按照当前的硬盘价格，存储这 100 年的数据需要约 5 万元。如果再利用信息化手段将数据压缩，那么只需要花费 2 万元。也就是说，花 2 万元能保存一个人完整一生的视频记录。

其次，在行动上也是可以实现的。越来越多的微小传感设备正在出现，例如在眼镜、内衣、皮带、鞋垫上都可以安装传感器，24 小时自动收集数据，摄像头甚至会自动抓拍，在人们微笑的时候才捕捉下来，这极大地减少了人们在日常生活中的记录成本。

当我们把一切都记录下来，例如用照片和视频，那过去和记忆就变成不可改变的数据。人类的大脑不再拥有重塑记忆的机会，它就在那里，不可能变得更好，也不可能变得更坏。从此，记忆可以清晰再现、随时查证。因为共同的数据，原本只存在于各人各脑中的记忆，开始真正演变为人类共同的记忆，而且这个共同记忆库将会越来越庞大。

很多人也会质疑全面记录的价值，他们认为生活中大多数时候都是平淡无奇的，甚至是枯燥的，不值得记录。就算真的记录下来，客观地回放过去的人生也显得单调沉闷，完全没有必要。

但更多的人已经意识到，这是值得的。因为当自己的生活全部被记录、被分析，它很可能不会和自己想象中的样子一模一样，因为记录这个行动本身，就有可能会改变人的其他行为。未来的一代人，很可能从母亲怀孕的那天就开始被记录，记录母亲对他们的呢喃和期待，记录他们小时候的牙牙学语和蹒跚学步，记录他们一路成长的点点滴滴。未来这些记录可用于情感分析、性格分析、成功路径分析，甚至犯罪学研究，关于人类成长和发展的许多精细、微妙的知识将会大量出现。有这样详尽的资料可供研究，说不定哪天我们就能发现人在儿童时期成长过程中那些未知的关键性时刻，或者曾经被我们忽略的重要事物。全面记录使科学家的研究达到一个以前无法企及的高度，就如同天文学家第一次获得一台高精度望远镜一样。人类的历史已经不止一次地证明，就在人类认为自己已经非常熟悉的天空或者宇宙的某个地方，可能还会发现意外的星体。

可以想象，有些人可能会拒绝全面记录。每个人都只想记录那些自己希望在世界上永远留存的信息，对那些不想留存的信息，人们希望它们被遗忘。当然，每个人也应该拥有这样的权利。也许你会选择全面记录自己的活动，你也可以拒绝，决定让自己的人生淡淡地来、淡淡地去，不留下一片云彩和记录。这当然在你的掌握之中，但是整个社会都不会以一个人的意志为转移，它会朝着第二大脑、全面记录的道路前进，不可逆转地改变我们生活的世界。这样巨大的改变在接下来两三代人的时间中会逐步实现。

随着全面记录的普及，个人拥有的信息将会越来越庞大。现代人要有一个强大的第二大脑，首先需要一个个人数据中心，或者说家庭数据中心。一个可以汇集个人或者家庭成员所有数据，包括文字、表格、图像、声音、视频、社交来往（社交媒体的互动记录）、空间轨迹（手机GPS、个人汽车的空间位置记录）等文件格式，并可以对所有的信息和记录实行全面、方便、快捷的管理。例如，对记录的信息和文件可以按主题归类、按时间排序、按地点组织、按人和对象呈现、按事件组织等等，并且支持自动关联和模糊查询。例如，我可以看到最近十年我在广州珠江江畔拍摄的所有照片，也可以看到最近十年我每年参加公司年会的照片，甚至这些照片和年会的各种文件（例如年度总结、PPT等）也自动关联在一起。就是说，在第二大脑的内部，一个信息块（即一条记录）可以与一些文件关联起来，第二大脑非常需要这样的工具，我相信不会太久，以Logseq为代表的第二大脑软件很快就会拥有这样的工具。

第二是人工智能。第二大脑中现在就有很多人工智能的技术，例如，目前我使用Logseq一般会打开科大讯飞的语音输入，通过语音输入记录自己想说的事，讯飞自动把语音转换成文本，我再进行编辑，最后给它打上标签并分类。在这个过程中，我体会到语音输入在一些时候很方便，但我们仍然要花很多时间来对口头语进行重新编辑。

如果这个转换能更加智能，我们记录的效率就可以进一步提高。

很多人都对脑机接口的技术充满了向往和期待。所谓的脑机接口是在人脑与外部电脑之间创建一条信息通路，通过电子植入物收集从大脑细胞发出的信号，并将它们转换为外部电脑可以理解和执行的命令，进而驱动外部设备的运行。要是能实现真正的脑机接口，那意味着我们在建设第二大脑过程中最繁重的任务——记录，将会发生革命性的变化，我们只要想就行了，动脑将代替动手："记录100次"将会变成"想象100次"。按照现在硅谷科技狂人马斯克的说法，未来的人类甚至能通过脑机接口把自己的"记忆""意识"直接导出，保存在云端，或用U盘、存储卡从云端直接下载信息，随时植入自己的大脑，这就实现了意念传输、记忆的自由传递以及意识的永久保存。

但直到目前，意念传输还只是一个构想，可以说八字还没有一撇，即使距离"用意念打字"这样的任务，也可以用"遥遥无期"来形容。主要困难还是在于我们对于大脑的机理了解得太少。人的大脑大约有10亿个神经元，即使是一个最简单的语言活动，也有很多神经元参与，它们

第五章 正在改变的个人遗产和家族传承

遍布在不同的脑区，光采集到相关的信号就非常困难，而且神经元发出的信号还非常复杂，人类目前还无法读懂。但可以确信的是，在向脑机接口迈进的进程中，很可能会出现一些更加方便、高效、智能的用户交互界面，这也正是引爆第二大脑下一场革命的点位所在。

也有很多务实的人工智能应用已经出现。2022年12月，OpenAI发布了ChatGPT（Chat Generative Pre-trained Transformer），这是一个可以以对话的方式进行交互的问答机器人，它可以回答你的问题，为你的文本写出摘要，编写一个故事，并完成翻译、帮你检查程序代码的问题和错误、甚至自动生成代码等等智能型的任务。图 5-1，图 5-2，图 5-3 是我利用这个工具产生的一些实例：

> 我的新书现有标题是"第二大脑：如何用它打造自我、成功和家族传承"，请帮我想一个更能打动读者的标题。
>
> 您可以考虑将标题改为"第二大脑：实现自我成长的秘密武器"或者"第二大脑：提升自我、成功和家族传承的关键"。这两个标题都能够吸引读者的注意，并且传达出您书中的主要内容。

图5-1 向ChatGPT寻求建议

> 扩写一下这句话,加入一些例子和金句:两个恋人决定长期在一起,就要面对日常生活很平淡的挑战,要保持长期友好的相处,互相幽默是最好的方法。

> 当两个恋人决定在一起时,他们需要面对日常生活中种种平淡无奇的挑战。为了维护和发展彼此的友好关系,他们必须付出努力。互相幽默能够让彼此的心情更加愉悦,更容易消除隔阂。例如,一个人可以通过发表一个有趣的笑话来让对方开心,或者在对方状态不佳时及时给予安慰。"幽默是恋人之间最好的情感纽带",通过幽默的交流,恋人们可以彼此更好地理解和接纳。

图5-2　请ChatGPT润色文章

> 猪八戒在和唐僧完成了西行取经的任务之后,他爱上了一个凡间女子,他请求如来佛批准他和这位女子结婚,请续写一个有美好结局的故事。

> 猪八戒向如来佛请求批准他和这位女子结婚,如来佛告诉他,他可以去向女子的父母请求婚礼,如果女子的父母同意,他们就可以在佛陀的庇佑下结为夫妻。
>
> 猪八戒很高兴,他立刻向女子的父母请求婚礼。女子的父母听说他是如来佛的信徒,并且已经完成了西行取经的任务,他们很高兴地同意了猪八戒的请求。
>
> 于是,猪八戒和女子在如来佛的庇佑下结为夫妻。他们俩和唐僧和其他菩萨们一起把许愿珠分享给了广大信徒,并且帮助他们实现他们的愿望。
>
> 猪八戒和女子过上了幸福的生活,他们互相帮助,支持,爱护,相互扶持。他们的爱情像一座坚固的大厦,永不倒塌。他们的幸福传递给了所有的人,让这个世界变得更加美好。

图5-3　请ChatGPT扩写故事

从上面的例子你可以看到，ChatGPT已经具备出色的语言理解能力，它能回答人类的提问，根据上下文自动生成合理的回答，不仅满足用户对于实时对话的需求，还能帮助人类完成各种各样实用的任务。很多时候，用户甚至无法分辨出是人类还是人工智能在回答问题。

ChatGPT的核心，是一个预先训练的大型语言模型，在训练过程中它使用了海量的语料，这使得ChatGPT可以根据先前单词的次序，预测出即将要出现的下一个单词，本质上这是生成式人工智能的技术（Generative AI）。简单地说，只要你给它一个提示词或者句子，生成式人工智能就可以自动生成一个相关的回答、一篇文章，甚至一个故事、一首诗歌。

但ChatGPT也有一个问题：无论任何人，只要在相近的时间内给它一个相同的提示词，或者问它一个相同的问题，这个机器人必然给你一个相同的文本或者高度类似的回答。这是因为它所使用的训练数据是一样的——它们来自同一个互联网。但我们现在想象一下，如果把这个算法引入你的第二大脑，如果在你的第二大脑中有足够的数据，如果让这些数据和训练数据结合起来，那每个人即使问出同样的问题，但不同人的第二大脑就会给出不同的回答，而且——这个答案是真正属于你的，这就相当于你自己的脑细胞思考的结果，它没有任何版权问题，你可以直接以你个人的名义使用。

还记得我撰写中山大学 2022 年毕业典礼的演讲稿吗？在我确定了我的演讲主题之后，我浏览了相关主题关键词的页面，只用了 40 分钟就产生了一篇初稿。未来，一篇完整初稿的产生可能只需要 1 秒钟！目前，在我介绍的第二大脑中，相关的信息会通过标签和文本搜索自动汇集在一起，形成一个信息的全景给我参考；但在不远的将来，只要你向你的第二大脑提出一个关键词，它就可以把相关的信息组合成一篇文档——也就是利用生成式人工智能技术，把这些信息自动写成一篇有事实、有观点、有逻辑、有议论的文章，供你参考、使用和发表。

这篇文章不仅不会有错别字和语法错误，它还可能提出一些你一时间想不到的观点，因为人工智能生成的内容来源于从大量数据中的学习，它可能识别人类无法看到的模式，这让它的叙述不仅信息量更大、更全面，还可能更准确。你不仅可以节约大量的时间，还可能从中受到启发、获得新的创意，写出你的第一大脑完全没有想到的东西。当然，文章的质量最终不是取决于算法，而是取决于你的数据，即你在第二大脑中记录了多少真正属于你自己的信息以及这些信息的质量。

要有效地利用第二大脑和人工智能的成果，我们还必须在生成内容这个过程的开始和结束的时候参与这个过程。首先，我们必须向生成式模型输入提示，以便让它来创造内容。一般来说，创造性的提示会产生创造性的产出。未来，要使用好第二大脑，我们每个人都要成为一名优秀的"提示工程师"——很多时候，我们需要尝试不同的提示，或者说，不断对提示进行微调，才能从第二大脑中得到效果最好的答案。最后，我们还要对这些答案进行仔细的编辑和评估，我们可以将第二大脑和类似于ChatGPT的人工智能产品的多次回答整合到一个文件中，最后得到一个比较完美、实用、自己最想得到的东西。

这意味着我们真正进入了一个"脑机协作"的时代。

越来越多的事情，我们都需要征询第二大脑的意见。再举一个例子，我们想去旅游，目前我们能做的是在互联网上寻找一些旅游目的地的信息，然后根据自己的偏好制订计划。现在市场上也有一些软件，辅助我们将路线和计划排成一个优美的文档，但体验并不太好。在未来，随着全面记录的普及，我们会在第二大脑中记录越来越多的个人信息，我们只要询问我们的第二大脑，第二大脑中的人工智能就会运转，并且和互联网互动，它先从互联网上搜索信息，然后为我们制订出一个合乎个人情况的旅游计划。例如你想去的地方是美国的圣地亚哥，这里是一个冲浪的圣地，也是一个很大的海军基地，停靠着几艘航空母舰，这里有乐高主题公园、海洋公园、航空母舰博物馆，还有丰富的墨西哥文化历史遗迹。第二大脑会自动分析出你对航空母舰、海洋公园感兴趣，对冲浪不感兴趣，它会把你感兴趣的事情和景点排进你的日程，而不是制订一个通用的计划——把所有的资源挪列出来让你选择。

因为拥有大量的个性化信息，借助人工智能，第二大脑可以为你生成个性化的计划、方案和文件，这是互联网无法办到的。现在你可以意识到第二大脑在人工智能时代对你的生活、工作和发展有多么重大的价值和意义！简单地说，没有第二大脑，你就无法享受到个性化的人工智能服务。

最后，不仅建设、管理自己的第二大脑需要人工智能，未来要继承第二大脑也需要使用人工智能。对第二大脑的所有者而言，他清楚地知道要在自己的记忆库里查看哪些资料，只要这些资料拥有清晰的分类和标注，即元数据的配套就可以了。而对于继承第二大脑的后人和研究人员来说，要探究这个复杂的大脑会是一个挑战，因为他们一开始并不知道这个第二大脑中有什么，自己又要寻找什么。难道继承者要一分一秒、一字一句地把所有的资料都看完吗？当然不是。他们会利用数据挖掘、模式识别等人工智能算法对所有的文字、图片、视频进行分析和比较，他们会越来越依赖这些新的工具。我们将目睹整个社会对这些丰富的数字记忆遗产进行处理的过程。这也间接地证明，不只是研究人员，而是未来所有的人都必须掌握和数据科学、人工智能相关的技能和工具。

结语

凭借脑机协作，成为智能增强人

每个人都渴望成功。纵观人类的历史，你会发现，有些人好像没有付出很多的努力就成功了，获得了财富、名声和权力；另外一些人要付出巨大的努力才能成功，这些人和第一种人相比，显得事倍功半，但毕竟也成功了。可还有一些人不管怎么努力，都实现不了他们的目标和愿望，终生和成功无缘。原因是什么呢？

原因肯定不是身体，也不是环境，生活中的成功来源于一个人在现实世界当中做出的千千万万个选择和决定。这些选择和决定构成了我们的人生。而一个人所有的选择，都受他生物大脑的支配，是大脑不断思考、记忆和决策的结果。

随着医疗和生物技术的进步，各种人造的器官都在出现。现在，我们屏住呼吸想象一下：如果你拥有一个新的大脑，你将获得怎样的改变？如果我们拥有的是一个第二大脑，或者说因为第二大脑使得第一大脑的能力得到了增强，即获得了一个"增强大脑"，我们又将获得怎样的改变？同样的情境，在第二大脑的帮助下，生物大脑的思考路径以及获得的思考素材可能会不同，最终导致我们做出不同的判断、选择和决定。

我们的生活是由千千万万个决定推动、向前发展演进的，即使每一个决定只有细微的不同，但它们带来的效应却是叠加的、不断迭代的。日积月累，一个小小的不同将会被放大成巨大的差异。最终，拥有第二大脑的我们将会走出完全不同的、崭新的人生，在身后留下和没有第二大脑相比完全不同的成长曲线。

这个道理，就像 1.01 法则一样，假设一天做一个决定，当一个决定比另一个决定即使只优化 0.01（即百分之一），一年累积下来的效应也是惊人的：它将是没有优化的 37 倍，而当一个决定比另一个决定优化 0.02 的时候，一年下来其效果是不优化的 5000 多倍。我的个人经验，经由第二大脑做出的决定，常常要比不用第二大脑做出的决定好上 10%、20%、甚至更多！再想想看吧，我们哪会一天只做一个决定呢？我的人生经验，是每 3 个星期，我们就会做出一个影响我们一生的重要决定。你完全应该相信，使用第二大脑，你的人生会展现出不同的面貌。

```
1^365=1
1.01^365=37.78343433289（是不优化的 37 倍）
1.02^365 约为 5000（是不优化的 5000 倍）
1.05^365 约为 5000 万（是不优化的 5000 万倍）
而：0.99^365=0.03
```

图6-1　1.01法则

一场关于脑机协作的技术革命正在到来，我强调的是第一大脑和第二大脑之间的"协作"，而不是第二大脑对第一大脑的"替代"。一个使用第二大脑的人，无论他是工程师、程序员、作家、艺术家、律师，他拥有的是一个增强大脑，他的工作效率会比普通人高 10 倍、100 倍甚至 1000 倍。因为第二大脑，我们将面临一场学习和创新的革命。你现在需要担心的不是人工智能会抢走你的工作——而是一个拥有了第二大脑的年轻人，他可能大学本科刚刚毕业，在熟练地掌握了这些工具之后，会比一个资历多他 10 年、20 年的人还要能干，他可以被称为一个"智能增强"人。也就是说，不是机器人、而是使用第二大脑的智能增强人——这样刚刚走出学校的年轻人会抢走你的饭碗、代替你。

全世界的科技精英会率先使用第二大脑，用它来管理自己的生活、辅助自己决策。你难道不想捷足先登？不想早一点体验并创建自己的第二大脑，成为智能增强人，获得竞争优势？

这本书是我个人经验的结晶和相关经历的总结，希望它能够帮助你和你的家人、朋友提前加入这场革命。在本书的最后，我尝试把前文的论述总结成三点经验。当我最后审视这三点经验，我发现它们不仅仅是建设第二大脑的路径和方法，其实也适用于数字时代的思考、学习和工作，是新时代、也就是数字时代的成功学。

1. 手勤免脑记，多用视觉化的方法去重温记录

我的祖父涂廉清生于1910年，他是一名普通的农家子弟，只上过两年私塾，便被送到省城的钱盐商行学徒。当时的学徒，就是站柜台打杂，但他在打杂中学会了记账，算盘打得老快，后来他就成了商行的账房先生。再后来他自己独立出来开店，赚了一些钱。在我还不记事的时候，祖父就去世了。我的父亲回忆说，祖父生前常常说的一句话是"手勤免脑记"。

我理解"手勤免脑记"有两层意思，一是"手要勤快，脑子才能轻松"，用手记在纸上了，脑子就不用念念

不忘去惦记,这就解放了大脑,因为大脑的主要功能是思考和决策,而不是仅仅用来记事情的,这和我们前文提到的"大脑卸载"是一个意思;第二层意思是:相比于大脑的记忆,手记更为牢靠,相比于我们的记忆,我们应该更相信记录。

祖父留下来的话不多,"手勤免脑记"应该是他毕生经验的总结。我认为他从账房和会计的工作中,悟到了记录的精髓。这个精髓帮助他在生活中自学成材,实现了鲤鱼跃龙门,把一大家人都带到城市生活,最后自己还白手起家做起了生意,这个精髓就是勤于记录、善于记录,从记账当中学到的记录应该是改变了祖父一生的重要技能。

如今我也常常把这句话讲给他的曾孙一代听。我告诉他们,曾祖父的这句话"手勤免脑记"蕴含着获得人生成功的原则和方法。但在过去,一个善于记录、勤于记录的人会获得成功,一个不做记录、或者很少做记录的人很难获得成功——这个结论,只是人们生活经验的总结,没有实证,因为我们没有办法用做物理实验、生物实验的方法去对人的一生分组控制、验证。但在今天,如果不会记录、不勤于记录,就无法构建自己的第二大脑,无法享受人工智能给我们的学习、思考和创新带来的便利,无法发挥脑机协作给个人带来的爆炸性优势。有些人会拥有第二大脑，有些人没有，这个区别是一个清晰的事实。

当然，仅仅记录还不够，我们还要用数字化的方法来管理、使用第二大脑当中的记录。

你肯定有过这样的经历：刚刚读完一本好书，你想记住其中一些有价值和启发意义的内容，你努力了，在书上画线，甚至将部分内容摘录到自己的第二大脑中。可能在记录的时候，你还使用了本书强调的重要经验：让它和其他的信息产生连接。但最终发现，你还是忘记了。这些信息没有在你的大脑中产生"凹槽"，这些名人金句就好像过眼烟云，对你的生活没有发挥真切实在的影响和作用。

行百里者半九十。记录是基础，是最花时间和精力的工作，但它仅仅是成功的一半，另一半在于使用。我认为常常回顾、重温我们的记录，是让记录不断发挥作用最有效的途径。

回顾、重温记录有两种方法，一是重复，我们在记录上做出画线等标记、大声朗读、闭上眼使劲回忆，这些方法本质上都是重复；二是梳理大脑中相关信息的联系，例如我们画一张关系图，梳理一下新信息和大脑中已经有的旧信息之间具体的联系（如图 6-2 所示）。

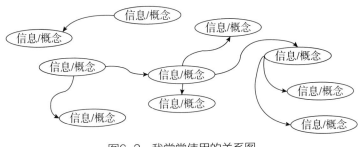

图6-2 我常常使用的关系图

这两种方法,无疑方法二更为有效。如果你仅仅想记住孤立的事实,而不积极地去寻找这个事实和其他的事实之间的联系,即使多次重复,记忆的效果也会很差。

在我长期的实践中,我摸索出一种有效的方法,可以概括为:"视觉化":把相关的、有联系的信息集中到一起,可以放到一个页面、一张图谱、一面白板之中,有必要的时候,还必须打印出来,盯着屏幕或者纸张看——久久的凝视。

人类的思考是和眼睛同步的。眼睛就是大脑之外最大的神经元,我们在用眼睛阅读信息的同时,它可能刺激大脑内部的神经元,开展一种想象和体验,就像我们在真实的世界中亲自经历一件事一样,从而整合我们大脑的通路,触发神经元之间产生新的联系,不仅加深记忆,还可能促生新的创意。

很多名人在总结自己成功的经验时都会提到"视觉化"的方法。大家都知道奥运滑雪冠军谷爱凌,在美国有一个女滑雪运动员比谷爱凌还有名,她就是2010年的奥运高山滑雪冠军林赛·沃恩(Lindsey Vonn,1984—),她在自己的职业生涯中一共获得了80多次冠军,次数远超谷爱凌,是美国历史上最成功的女子滑雪运动员,她在总结自己逢战必胜的经验时说:

在滑雪前我总是会想象一下滑雪的画面,当站在出发点时,我已经在头脑里滑了100次了,想象着我每次要怎样拐弯……一旦将一条路线视觉化,我就永远不会忘记。所以我滑的路线总是正确的,我可以完全按照我想要的方式滑完比赛的全程。

就在我写作本书这个章节的时候,Logseq已经推出了"白板"的新功能,它可以把一些信息块从不同的页面之中抽离出来,放到同一张平面之上,并且重新定义它们之间的联系和关系——所以称为"白板"。我相信白板是一个非常有用的功能,在白板上的信息会更好的变成思考和行动,就像我们前面介绍的图谱分析一样。

2. 实行量化分析，保持个体生活的高度清晰

因为孩子喜欢打冰球，我最近几年开始观看北美的冰球比赛。我注意到北美电视台的解说员在讲解冰球赛事的时候，拥有大量的、惊人的资料。例如，解说员会告诉你，刚才某某运动员的这个进球，是整个赛季第 7 个决定性的进球了。然后画面会立刻播出他前几个进球的情况，这时候解说员又会告诉你，今天的第 7 个进球和第 3 个进球高度相似，他会拿出另外一场发生在几个星期之前的类似比赛进行对比，他会对比运动员动作的幅度、进球的角度、其他队员的位置队列，通过电视上画中画的屏幕进行展示。你确实发现，有些情况几乎一模一样，他又继而给你分析这位运动员的风格、技巧，甚至立刻调出了他在接受记者采访时的自我陈述和对答，解释他为什么要这样做，这种风格何以形成。在听到这样讲解的时候，你会感到这位解说员做了很多准备，不仅在真材实料当中游刃有余，还有自己的判断，这种充实的观感会令你情不自禁地赞叹。当然，我们不难推断，这位解说员和电视台在转播这场比赛之前，必定做了大量的数据分析工作，他很可能也在使用一个类似第二大脑的工具，即提前把所有的资

料、可能用到的镜头都条分缕析的分类了，一旦需要，就可以立刻搜索、调用和播出。

我还发现在赛车比赛中，解说员也开始大量的使用数据。因为已经有很多的传感设备安装在赛车之上，这些传感器记录了发动机的转速、车速、位置、外部的温度、湿度、气压风速等情况。解说员在解说的时候，可以大量的引用这些数据，来分析驾驶员操控赛车的行为，这些数据和分析也给观众带来了极为信服、充实的感受。

这种令人信服、充实的感受之所以产生，是因为人类的天性就重视证据，而且极其重视数字化的证据，数字是所有证据当中最锐利的、最精确的，因而也是最有穿透力的证据。你也可以把自己的人生视为一场比赛，我从中获得的启发是，我们也要像这些解说员一样用量化分析的方法来管理我们自己的人生和生活素材，唯此，在人生的赛场上，我们自己、我们身边的其他人才会对生活产生一种充实、紧凑的满意感和成功感。

也就是说，我们必须要用统计、量化分析的方法来管理、使用我们的第二大脑。在第二章我介绍了一种全新的、革命性的日记模式，它可以把目标、任务、措施和时间的管理融合到一起，用自我追踪和量化的方式来进行自我管理。通过不断地动态整合和动态分析，我们的人生将会变得非常清晰。

一个人如果拥有清晰的人生，那也一定会是成功的人生。我在本书第四章节还讨论了如何把模糊的念头记录下来，认为这是一个非常大的难题，强调要进行突破，因为这种突破价值巨大。事实上，我们很多人在生活中不成功，就是因为自己的大脑长期停留在模棱两可的状态，在现实生活当中做不出清晰的判断和决定。

我们之所以是这样，也和哺育我们成长的传统文化有关。我们的传统文化过于推崇模糊和混沌的功用，低估了清晰的价值。因为写作的关系，我常常会在夜间出门散步，而我所住的小区有很多郊狼出没。我在月色下散步的时候，如果看到一个东西在移动，越来越近，当然就要提高警惕。最初远的时候不过是一片模糊的黑影，但是越近就越清楚，就能看清是一个人还是一个动物，甚至能确定是一个男人还是一个女人，是一条狗还是一匹狼。那些反对分析、推崇模糊的人，是让我们满足于最初的那一片模糊的黑影，而放弃所有的行动和准备。

当我们走在人生的长路上，当一些糟糕的事、困难或者挑战将要发生的时候，它们也是远处的黑影，我们要尽量去分析它、量化它，让它变得清晰，一旦它清晰了，我们就不会那么焦虑。事实上，即使是一些好事临近，我们在兴奋的同时也应该让它变得清晰，很多时候，我们常常高估一件好事带来的效果，结果在好事来临之后反而失望，就是因为那件好事在我们的心中也是一团模糊，并不清晰，我们对它抱有不切实际的想象。

面对生活中的任何情况，事实上我们只有三种选择：改变、接受或者离开。这三个选项就像三个按扭一样明明白白地摆在我们的面前，我们必须选择并启动其中一个，如果我们拒绝，就会一直处于模糊纠结的状态。例如坐在那里希望自己做出改变，但从来没有改变；希望自己离开，但从来没有离开；同时对所有这一切又没能真正的接受。毫无疑问，这样做，我们个人的生活就会陷于停滞当中。很多人一生都生活在这种混沌中，他们对人生的一些重大问题，例如生和死、爱和恨、自由和公平、民主和专制，文明和野蛮，一直到死都没有想清楚。就算是现实生活中很多衣食住行的具体问题，也都远远没有想清楚，所以只能一直在混沌模糊的状态中循环和转圈。

直抵清晰状态最有效的方法就是量化。一个人碰到困难，很生气、很沮丧、或者抵制不住诱惑、想抽烟、想偷懒、想暴饮暴食，这些冲动、情绪和欲望都应该被量化，量化就是给它们打分，它们有多强烈？从 1 到 10 可以打几分？是要满足自己哪方面、哪个部位的需求？这种情绪和冲动如果得到满足会带来多大的收益？当你从各个角度去分析它、量化它的时候，你就会发现，慢慢地它不是情绪的一部分了，你分析得越清晰，负面的情绪和欲望就越可能被你击退，或者像乌云一样消散。

当我面临冲突，难以决定的时候，我会去到第二大脑的相关页面，梳理我的价值观，一边阅读我的相关记录，一边考虑我该如何决策，甚至在纸上把这些记录重新写一遍，并拿在手边，面对问题不断地反问自己，根据这些记录的对照我应该如何来处理这个问题——这就是清晰，一对一的清晰。当然，在这个过程中，也可能发现自己的记录远远不够，那就根据实际问题重新补充、校正自己关于价值观的记录。这正是第二大脑从上至下的建设方法。

有没有打破模糊、把想法和问题上升到清晰程度的能力，关系到人一生的发展，这是从无意识上升到有意识，在你将模糊的东西变为清晰的有意识之前，那些模糊的东西将控制你的生活，让你无所作为。事实上，这些模糊的东西就是很多人想不清楚、说不清楚，但把它称之为"命运"的东西。

只需要终生践行清晰的价值观,不断地用量化分析的方法去管理自己的记录和第二大脑,就一定能改变、掌控自己的命运。

3. 凭借脑机协作,成为智能增强人

前两点经验,无论是记录,还是动态量化管理,在没有第二大脑的时代,也是可以做到的,但成本很高,也就是说需要消耗极大的脑力和时间,还需要非常的执着,换句话说,这两点经验虽然好,但难以在大众当中普及。正因为如此,在过去的时代只有像柳比歇夫那样少数的人物才能利用这两点经验获得成功。

第二大脑的出现,让普通人都可以非常轻松的实现以上两点经验。不仅如此,借助人工智能的技术,我们还可能超越个人生物大脑的有限性,产生一些单个大脑完全无法产生的创意。

在前面我举出的 3 个 ChatGPT 的例子当中(请参见第249 页),我很欣喜地发现,ChatGPT 并不是在像查字典一样一对一的回答我的问题,而是给了我一些可以启发创意的元素(也许一些元素本身就是创意),例如在第一个

我征求书名意见的问答当中,它使用了"秘密武器"这个词;在第二个扩写的要求当中,它例举了"一个人可以通过发表一个有趣的笑话来让对方开心,或者在对方状态不佳时及时给予安慰"的具体事实;在第三个问题当中,它提出了"许愿珠"这个我完全没有想到的东西。这些都是我的大脑当中本来没有的东西,对世界来说,这些东西不是新的,但对某时某地的我来说,它们就是新的,这些新东西帮助我组织、拓展了自己的思维,当然也就带来了一些新的启发。

我们在前文讨论过,任何一条信息都是以分布式的方式存贮在大脑神经元中的。一个人展开思考,就是在第一大脑中不同的神经元之间试图建立有价值的连接,通过不同的神经元的树突和轴突相连,产生了一条新的通路或者说桥梁。这种新的连接不仅仅关系到记忆,关系到知识,而且它就是创意和创新本身,人生就是连点成线、连线成图,创新就是有价值的新连接!神经科学也证明,神经通路是可塑的。当我们接受一条新的信息的时候,我们第一大脑中的部分神经元会努力和其他的神经元连接,形成新的通路。但大部分神经元也像人一样,很懒惰,一般情况下,它只和附近的神经元发生联系。所以我们一般情况下想到的东西，都是其它人也能想到的东西，平庸就是这样产生的。

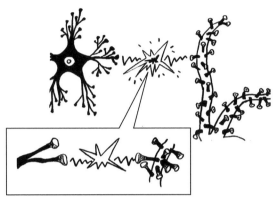

图6-3　两个神经元连接产生新的大脑通路

绘图：Yi Tu

这就是我们需要第二大脑的终极原因，当我们把生物大脑当中的所思、所想、所记投射到数字空间当中，人工智能就可以用算法帮助我们发现、建立新的神经元连接！当我们的大脑形成了新的大脑通路，我们的决策和行动就可能会有所改变。也可以说，第二大脑的算法赋予了我们生物大脑一种新的灵性，来自算法的灵性，是第一大脑无法在短时间里内生的灵性。

但我们又不能将思考和创新的工作完全交付给ChatGPT之类的算法。ChatGPT的创新是基于大数据的，当它的训练数据是一样的时候，它只能得出一样的答案，无论任何问题，当我们和世界上亿万他人得出一样的答案，那就不可能是创新。工程师可以开发出更好的算法，但我们每个人却必须构建自己的数据库，工程师的努力才会有意义。在人工智能的时代，我们必须通过各种各样的记录行为完成数字记忆体的搭建，这是我们个人使用人工智能的基础——这正是本书第二章重点阐述的内容。

当我们拥有不同的数据，即使每个人都使用相同的算法，也能创造出新的奇迹。

就在本书即将付印的时候，ChatGPT 又成功的通过了一门研究生课程的期末考试，这份试题来自世界著名的商学院——沃顿商学院的 MBA 运营管理课程，和人不一样的是，ChatGPT 仅仅用了几秒钟就完成了考试，还有人让 ChatGPT 参加了美国医生的执照认证考试（USMLE），它的表现也超出了预期。类似这样的消息，让人类感到被人工智能所替代的威胁。

这种被替代的威胁正是本书所反对的。不少人拥有这种"替代思维"，他们认为人和机器是"有你没我、只能二选一"的关系，还有很多人认为，人智能对人类的替代只局限于低端的、重复性的工作，例如收银员、电话接线员、打字员、保安、厨师、保姆、翻译、会计等，而一些具有创造性的工作，例如作家、科学家、企业家、演员、心理咨询师，人工智能是不可能取代的。

事实上，这两种想法都错了，人工智能可以通过现在的考试，这完全不能代表它可以取代人。我相信未来会出现新的考试方式作为衡量一个人水平的标准，就像我们今天的大部分考试允许带字典、带计算器一样，未来的考试也会允许带上自己的第二大脑、使用类似 ChatGPT 的人工智能，未来考试的重点是看看谁有更好的工具、谁能更有效的使用工具，就像在战场上人和武器是一体的，我们必须要较量武器一样。还有，人工智能不仅仅会帮助我们收银、接电话、开车、做菜、洗碗，做一些重复性的工作，它也能创新，我们现在可以看到人工智能会作诗、会绘画、会写新闻稿，这些都是带有创造性的工作，未来所有的创新，都会是人机协作、脑机协作的结果。当然也有可能，人类对"创新"的定义会改变，会出现新的文学和艺术。

所有的人脑，都会在脑机协作的面前失去优势。基于人脑的思考和分析，将无法和脑机协作相提并论。所以，脑机协作才是真正的未来。脑机协作一定会改变人类的记忆和思考，推动我们产生新的创意，但这离不开人本身关于思考和创新的努力。脑机协作的结果，是人类生物大脑能力的扩展和增强。使用第二大脑，我们会成为智能增强人。而今天我们所有的人，都会在智能增强人面前黯然失色，因为在第二大脑的帮助下，他们拥有的是一颗增强大脑。

后记

我从 2021 年 8 月开始使用 Logseq。在此之前，我个人最常用的数字记录工具是微软的 OneNote 和印象笔记。OneNote 有交叉分类的功能，你可以建立一个专题笔记本，笔记本下面再建立分区、页、子页，可以在一个页面之内的任何地方插入或编辑，一段信息可以自由移动、插入任何分区，这意味着可以随心所欲地组合、剪裁和布局；印象笔记的好处是可以从其他 App 中抓取信息，还可以用发邮件、拍照、录音的方式来采集信息。除了这两个数字化的工具，我还有两本手写笔记本，一本是小的，可以放在口袋里，主要用于碎片化的记录；另一本是大的，平时放在书桌上，记录日志和感想。

在使用 Logseq 之后，我用了近半年的时间把我以前一些重要的记录转到了这个平台之上。因为它确实好用，旧的工具开始退出和消失。今天，除了还保留一本带有日志规划格式的笔记本，第二大脑已经完全取代了我过去的全部工具。就威力和效率而言，我常常感觉我过去拥有的是一把枪，而现在拥有的是一颗原子弹。

我从中受益，也希望把这些收益分享给更多的人，我相信，如果一个人尽早着手建立他的第二大脑，将会成为他成长、成功、成材的竞争优势。事实上，现在你就可以创建先发优势，比旁边的人走得更早、更远。

2021年9月，我受邀去华南师范大学附属中学做报告，这是一所蜚声海内外的广东名校，走出了不少灿若星辰的学子。时任校长的姚训棋先生问我要讲什么，我思考了一段时间，告诉他讲智能时代的读书方法。本书的一些想法和初心就发轫于这一场讲座。到了11月，我应邀去华南理工大学未来技术学院做讲座，面对重点大学的天之骄子，我又该和他们交流一些什么呢？我认为，对今天的大学生来说，最大的知识来源已经不是书本和课堂，而是网络，大学生要有能力借助网络独立完成学习，因此把这场报告的主题确定为"怎样读书、读数以及读网"。从和年轻学子的讨论中，我的一些想法不断得到丰富和完善。到2022年1月，要写一本关于第二大脑的书这个想法就自然而然脱颖而出了。到了2022年暑假期间，我送孩子到美国读书，旅居在加州，有了几个月不受打扰的时间，从而聚焦在思考和写作上，本书就水到渠成、瓜熟蒂落了。

我在前面也说过，本书的写作就是我自己第二大脑中的一个项目，本书的初稿几乎完全在 Logseq 中完成的，就写作的效率而言，我感觉提高了三分之一以上。

我要感谢天津师范大学的王树义副教授，正是在他公众号"玉树芝兰"上我第一次获悉了 Logseq 这个软件，他是少数派网站的资深作者，从他的教程上我学到很多。树义把我拉进了 Logseq 的中国用户群，我又认识了 Logseq 的创始人秦天生和许多热心的爱好者，从而了解到这款软件的前世今生。出于自己学习和工作的需要，秦天生在 2019 年做了一个小工具给自己记笔记用，后来分享给一些朋友。大家觉得有意思，就创建了 discord 小组，因为开源，接着有越来越多的贡献者和用户加入到这个小组。天生随后组建了团队、获得了投资，到 2022 年 11 月，推出了 Logseq Sync 版本，就日常功能而言已经相当成熟。本书的写作还要感谢 LogseqPro 频道主理人 Ws，他是 Logseq 热心的倡导者和实务高手，在本书的写作过程中，我和他有过几次讨论，本书的图 2-31 和图 2-32 就是他帮我制作的。

我还要特别感谢涂新辉先生，正像我的前几本新书一样，他仍然是这本新书的第一位读者，给我提出了不少宝贵的意见。方柏林先生也在我写作之初给了我一些重要的建议和鼓励。岁月流逝，基于思想和情怀的友谊像恒星一样，始终都在。

最后，我还要感谢中译出版社的社领导和编辑团队，是他们最敏锐的眼光、最饱满的热情、最严谨的工作态度促使了本书在最短的时间内付印，赶在2023年农历新年走向读者和市场，就像一位母亲看见自己的子女能在最好的时机迈向社会、走向独立一样，我对此心怀感激。

中国的发展其实在不断地证明，我们的社会极度需要理性的倡导和普及。第二大脑就是一个理性工具，它可以帮助我们每一个人记忆、思考和创新；中国社会也尤其注重家族的传承，借助第二大脑，人类个体的知识和智慧可以在家族中得到绵绵不息的传承，它可以帮助我们的下一代、下下一代、直到千秋万代。事实上，如果第二大脑能够早一点走进我们中小学生的课堂，让人人都从10岁开始着手建设自己的第二大脑，尽早普及脑机协作的价值观和技能，第二大脑就会成为中国的国家优势、华人的群体优势。每念于此，我倍感欣慰，这也是我写作本书的最大动力。